JN064640

これからの日本のジビエ

The future of Japanese Gibier

野生動物の適切な利活用を考える

編著 **押田敏雄** 麻布大学名誉教授

協力 一般社団法人 **日本ジビエ振興協会**

緑書房

口絵１　野生鳥獣による農業被害の一例
（36ページ、図１－３－１）

口絵２　捕獲の方法
（37ページ、図１－３－３）

口絵３　学校給食で出食されるジビエ給食の一例（46ページ、図1－3－12）

口絵５　駆除動物の皮を活用したハンドメイドブランドHISAGOTEIの革製品（71ページ、図2）

口絵４　小諸市産のペットフード「Komoro Premium Pet Food」（69ページ、図3）

口絵６　シカ皮で作った帽子
（80ページ、図2－1－4）

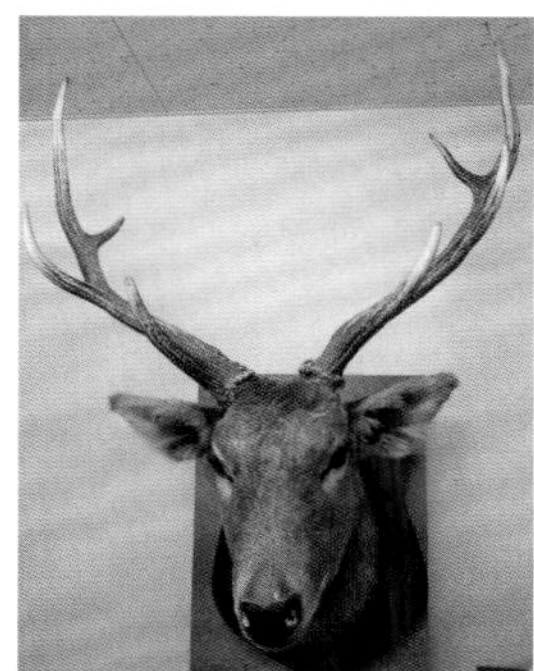

口絵７　トロフィー（頭のついた雄の角）（80ページ、図2－1－5）

口絵9　ヌタウチの様子
（95ページ、図2－3－3）

口絵8　イノシシ（成体）
（95ページ、図2－3－1）

口絵11　キョン：雌（大島公園動物園にて）
（115ページ、図2－4－14）

口絵10　ツキノワグマ
（写真提供：新潟大学 箕口秀夫教授）
（102ページ、図2－4－1）

口絵13　シカ肉（ロース）
（139ページ、図3－1－1）

口絵12　牧草を食べに牧草地に出没したニホンジカの群れ（125ページ、図1）

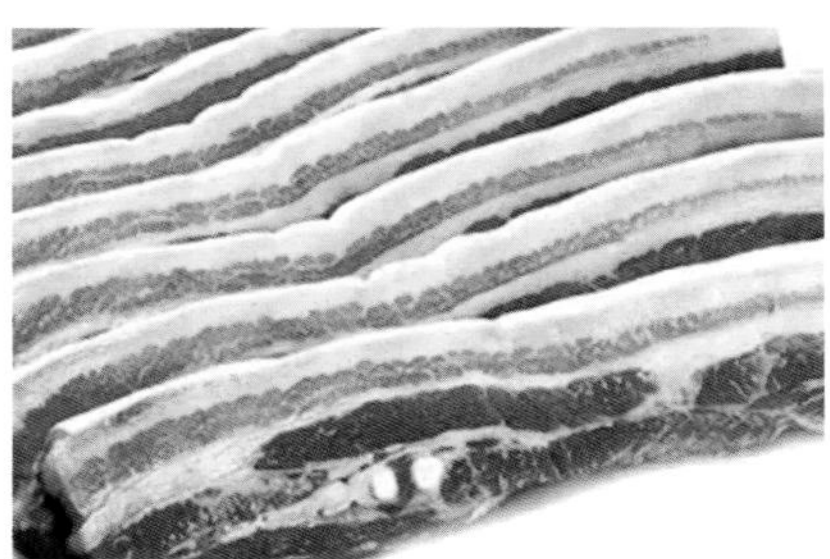

口絵15　イノシシ肉（バラ）
（139ページ、図3－1－1）

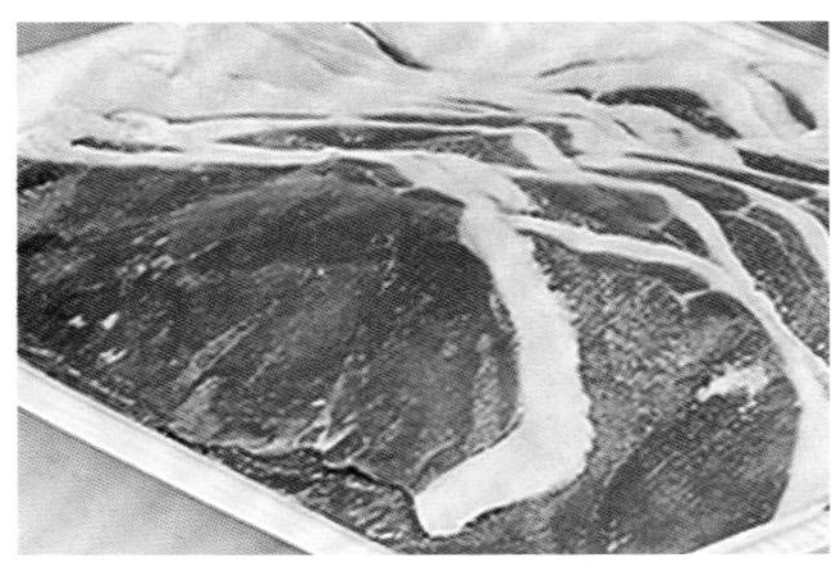

口絵14　イノシシ肉（ロース）
（139ページ、図3－1－1）

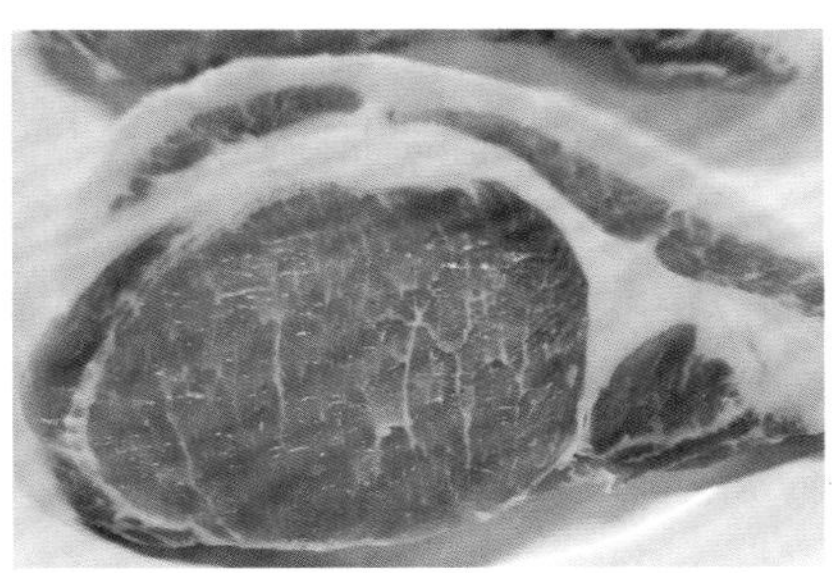

口絵17　豚肉（ロース）とんかつ用
（139ページ、図3－1－1）

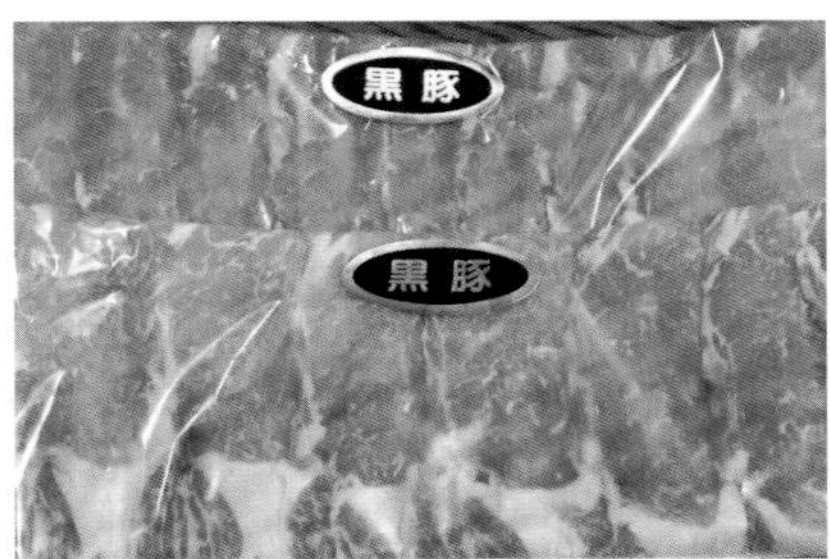

口絵16　豚肉（黒豚）モモ（上）とロース（下）
（139ページ、図3－1－1）

口絵19　コープさっぽろ ルーシー店のエゾシカ肉販売コーナー（182ページ、図3－3－4）

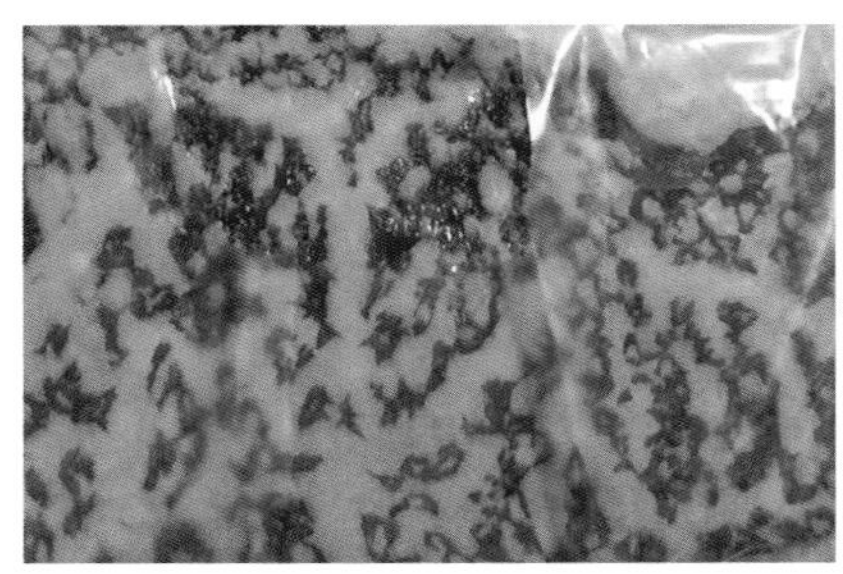

口絵18　牛肉（サーロイン）
（139ページ、図3－1－1）

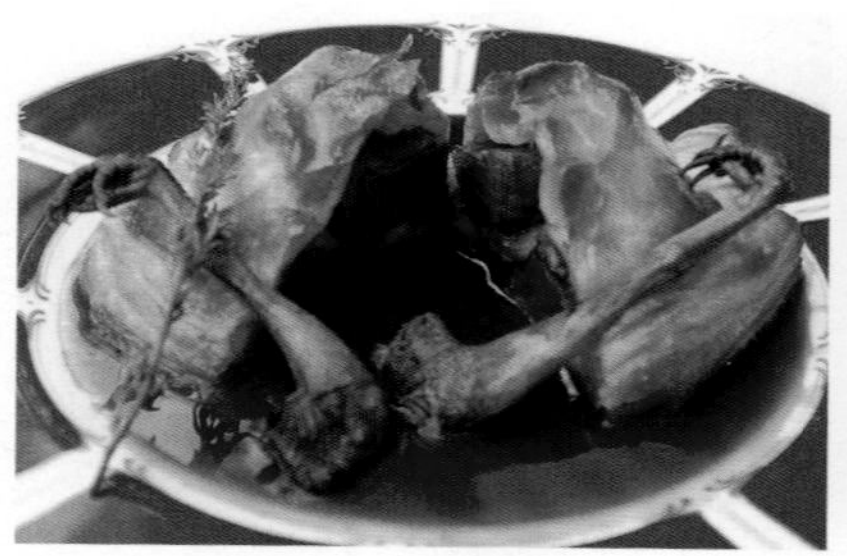

口絵21　ヤマバトのパイ包み焼き ジビエの赤ワインソース（190ページ、図3－4－3）

口絵20　ヤマシギのポワレ アバペースト添え（190ページ、図3－4－2）

口絵23　子イノシシ骨付き背肉のロティ パースニップを包み込んだパイヤッソン添え（192ページ、図3－4－5）

口絵22　ムクドリとヒヨドリのポワレ 八角と蜂蜜の赤ワインソース（191ページ、図3－4－4）

口絵25　シカ肉のポワレ ジン香るジビエの赤ワインソース（192ページ、図3－4－7）

口絵24　皮付きイノシシバラ肉のリースリング（192ページ、図3－4－6）

口絵27　ツキノワグマのグリル 2種類のベリーソース（193ページ、図3－4－9）

口絵26　ツキノワグマのブロシェット 干し柿と木の実のアクセント（193ページ、図3－4－8）

口絵29　シカ・イノシシ混合ソーセージ（左は豚腸、右は羊腸に充填）（200ページ、図3－5－2）

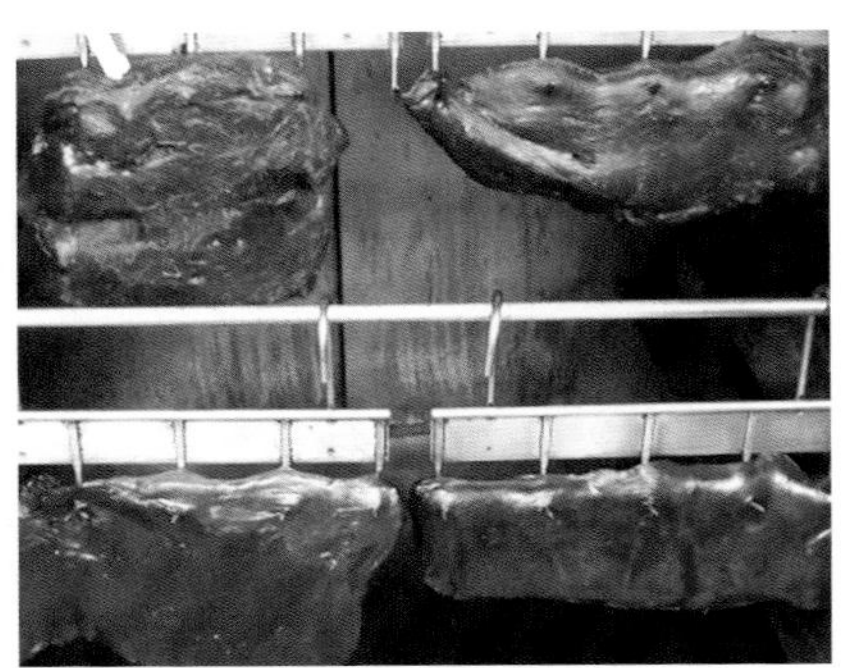

口絵28　シカ肉ベーコン（燻煙後）（200ページ、図3－5－1）

口絵31　自動車事故に遭ったシカ（213ページ、図4－1－1）

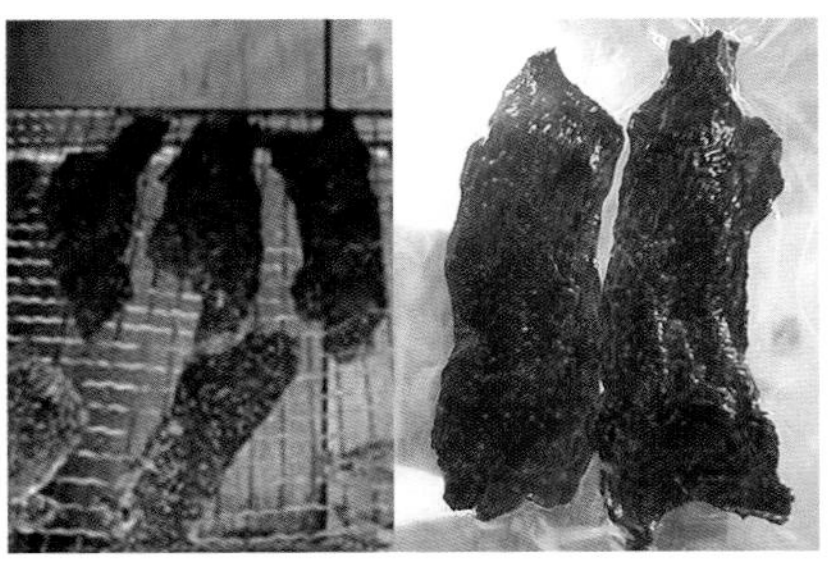

口絵30　シカ肉ジャーキー（燻煙し、最終的に加熱処理）（204ページ、図3－5－3）

はじめに

二〇一七年二月頃、緑書房の編集者から、ジビエに関する書籍を企画しているので力になってほしいという相談がありました。私自身は二〇一五年三月に三五年間在職した麻布大学を定年退職し、「ジビエ」、「学校給食」、「畜産環境問題」などと向かい合いはじめた時期で、日本ジビエ振興協議会（現・一般社団法人日本ジビエ振興協会）の活動をボランティアで手伝っているうち、次第にジビエに傾倒しはじめた時期でもありました。そこで編集者と内容・構成案などを検討し、執筆者の探索や執筆依頼を進めたのですが、大まかな目次が完成するまでに約一年を要してしまいました。一般的にこの手の企画は出版までに二年程度は必要ですが、原稿依頼が済んだ時点ですでに半分が過ぎていました。その後、紆余曲折があり、すべての原稿が集まるまでに二年近くを要し、二〇二〇年一二月頃からようやく最終的な仕上げ作業に取り掛かることができました。この間、関連法規などの改正に伴い情報を修正し、統計データの更新も必要に応じて行い、内容をブラッシュアップしていきました。しかし、タイミングが悪いことに、作業の追い込みの時期には、鳥インフルエンザ、豚熱などの騒動が発生し、さらには新型コロナウイルスまでもが行く手を遮り、前進が厳しい状況にも直面しました。そんなこんなで、四年もの歳月が流れ去りましたが、ようやく日の目を見ることができました。

さて、本書の内容に関してですが、近年、農業就労者の高齢化や減少に伴って耕作放棄地が拡大しています。それにより、シカやイノシシなどの野生動物による農業被害や、時としてクマによる人的被害も年々顕在化しています。鳥獣被害を静観するのではなく、鳥獣を適正な数に抑制する動きもみられ、環境省と農林水産省では二〇二三年までに推定生息頭数を半減させるなどの政策目標をとり、各地で鳥獣対策が真剣に取り組まれるようになってきました。また、一部自治体では、資源の有効活用の観点から、これら野生鳥獣（ジビエ）の肉をブランド化して売り出しており、ジビエ料理を提供する飲食店も増えはじめています。ジビエの処理に関しては、と畜場法の規定範囲外ではありますが、各自治体では厚生労働省が作成したガイドラインに従い、独自のマニュアルによる処理を行っています。さらに、遅まきながら、二〇一八年からは国産ジビエ認証制度も始まっています。

一方、最近では趣味で狩猟を行う日曜ハンターも増えていますが、野生鳥獣やジビエ肉への知識の乏しさから、自分で処理・喫食したことによる食中毒の発生がみられています。ジビエに関する正しい情報が、広く浸透していないことの表れでしょう。例えば、ジビエに関連する書籍についても、レシピや狩猟法に関するものはたくさんありますが、動物の生態や食中毒の危険性などにも踏み込み、学術的に示したものはほとんどありません。そのような状況において、本書では、ジビエに対する正しい知識の普及を目指し、わが国における現状と課題、そして未来について網羅的に扱いつつ、基礎から応用までをカバーできるよう、第一線で活躍する斯界の専門家に執筆していただきました。仕事であれ、趣味であれ、ジビエに関わる方々の座右の書として幅広く活用されることを願います。

最後に、充実した情報を盛り込んでいただいた執筆者のみなさま、そして様々なご協力をいただいた日本ジビエ振興協会に深甚なる謝意を表します。

二〇二一年春

編著者　押田敏雄

編著者・著者一覧

【編著者】

押田敏雄（おしだ としお）

麻布大学名誉教授、中国科学院瀋陽応用生態研究所客員教授、（一社）日本ジビエ振興協会理事。麻布獣医科大学獣医学部獣医学科卒業、同大学院獣医学研究科博士課程修了。獣医学博士、農学博士、工学博士。日本養豚学会会長、日本家畜衛生学会理事長など歴任。専門は家畜衛生学、畜産環境学、養豚科学。『獣医衛生学』（文永堂出版）、『最新 家畜衛生ハンドブック』（養賢堂）、『新編 畜産環境保全論』（同）、『畜産食品の事典』（朝倉書店）、『Ｄｒ．オッシーの意外と知らない畜産のはなし』（中央畜産会）など著書多数。現在はジビエに関する調査・執筆、学校給食問題などに取り組んでいる。

【著者（五十音順）】

井戸直樹（いど なおき）

環境動態学修士。バイオマスプラントメーカー、自然学校を経て、富士山麓にネイチャースクール「森のたね」を設立。森林や川、洞窟などをフィールドとしたアウトドア体験ツアーや、森づくり体験、狩猟体験などの里山保全活動、自然由来の未利用資源活用などに力を入れている。さらには、林業、漁業、狩猟など一次産業にも従事しながら、人と自然の持続的な関係づくりを模索している。

伊藤匡美（いとう まさみ）

亜細亜大学経営学部経営学科教授。青山学院大学大学院経営学研究科経営学専攻博士後期課程満期退学。千葉経済大学経済学部准教授、東京国際大学商学部教授などを経て、二〇二〇年より現職。専門は流通・マーケティング。特に食の流通や地域活性化のマーケティング、食と農の連携を研究テーマとし、ジビエの利活用についても精力的に情報を発信している。ジビエに関する著作に「野生鳥獣のジビエ利用に係る優良事例の調査報告—和歌山・鳥取の取組みについて」『野生鳥獣ジビエ利用優良事例調査報告書—和歌山県・鳥取県の調査から—』（日本食肉消費総合センター）など。

壁谷英則（かべや ひでのり）

日本大学生物資源科学部獣医学科教授（獣医食品衛生学研究室）。北海道大学獣医学部卒業、同大学院博士課程修了。獣医師、博士（獣医学）。専門は野生動物に由来する各種人獣共通感染症、ならびに食中毒起因細菌に関する研究。野生のシカやイノシシをはじめ、各種野生動物の材料を用いて、主に人にも感染する病原体の分布状況や性状解析を行っている。

小林信一（こばやし しんいち）

静岡県立農林環境専門職大学短期大学部教授。名古屋大学大学院農学研究科博士課程満期退学。農学博士。日本大学生物資源科学部教授を経て、二〇二〇年より現職。全日本鹿協会副会長・事務局長、畜産経営経済研究会会

長も務める。大学では「野生動物管理・利用論」「畜産経営」「畜産法規」を担当。静岡県富士宮市を中心に全日本鹿協会として、シカ被害調査、シカ解体・シカ皮なめし・シカ革製品作製・シカ肉試食等の講習会、シカの棲める森作り活動、地域の団体と連携したシカ資源活用による地域活性化活動を行っている。

坂田亮一（さかた りょういち）

麻布大学名誉教授、日本食肉研究会会長、第六八回国際食肉科学技術会議（二〇二二年神戸開催）組織委員会委員長。宮崎大学農学部畜産学科卒業、九州大学大学院農学研究科にて博士取得。農学博士。フンボルト財団研究員としてドイツ国立食肉研究所に留学。麻布大学獣医学部動物応用科学科教授などを務め、現在に至る。ドイツの食肉専門誌「Fleischwirtschaft」編集委員、ＤＬＧ（ドイツ農業協会）ハム・ソーセージ品質競技会審査員など歴任。食肉の発色や加工、野生動物の食肉としての利用に関する研究などを専門としている。

志村　稔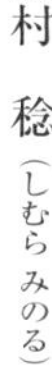（しむら みのる）

（公財）鉄道総合技術研究所人間科学研究部生物工学研究室主任研究員。専門は微生物遺伝学、環境工学。警戒声などシカの習性を利用した鉄道車両との接触事故防止方法の開発などに取り組んでいる。

杉田昭栄（すぎた しょうえい）

東都大学幕張ヒューマンケア学部理学療法学科教授、宇都宮大学名誉教授、（一社）鳥獣管理技術協会理事長。宇都宮大学農学部畜産学科卒業、千葉大学大学院医学研究科博士課程修了。医学博士、農学博士。専門は動物形態学、神経解剖学。実験用に飼育していた鶏がカラス（ハシブトガラス）に襲われたことなどをきっかけにカラスの脳研究を始める。解剖学にとどまらず、動物行動学にもまたがる研究を行い、「カラス博士」と呼ばれている。著書に『カラス学のすすめ』『カラス博士と学生たちのどうぶつ研究奮闘記』（いずれも緑書房）など。

竹下　毅（たけした つよし）

小諸市役所産業振興部農林課、野生鳥獣専門員。宮崎大学教育学研究科（修士課程）、北海道大学文学研究科（博士課程）にて野生動物の研究を行う。専門は動物行動学、保全生態学。二〇一一年に小諸市役所入庁。永続的な鳥獣対策を行うための体制作りを主たる職務とする。二〇一八年より野生鳥獣の捕獲から販売に至る体制づくりや各種相談に応じた助言・指導を行うジビエコーディネーター（農林水産省：地方創生協議会）の任に就いている。

塚田英晴（つかだ ひではる）

麻布大学獣医学部動物応用科学科准教授。北海道大学文学部卒業、同大学院文学研究科博士課程修了。博士（行動科学）。ヒューマンサイエンス振興財団リサーチレジデント、農林水産省草地試験場研究員、農研機構畜産草地研究所主任研究員を経て、二〇一五年より現職。専門は野生動物の保全管理。学部時代にキツネの調査を開始し、その研究で学位を取得。博士研究員ではキツネが媒介する寄生虫病対策、農林水産省入所後には牧草地の獣害対策の研究に取り組み、現在は野生動物の観光資源化研究にも着手している。

時田昇臣（ときた のりお）

日本獣医生命科学大学応用生命科学部准教授。九州大学大学院農学研究科博士課程満期退学。博士（農学）。オーストラリア国立クイーンズランド大学より教育文化交流賞受賞。専門は動物栄養学。反芻動物を主体に、展示動物やペットの消化機能について研究している。野生動物については、栄養生態の解明により生息地管理法への応用を進めている。ジビエ肉の利用については欧州の事情にも詳しく、人の栄養や健康に関わる機能性成分に注目している。

平田滋樹（ひらた しげき）

農研機構中央農業研究センター上級研究員。筑波大学大学院博士課程生命環境科学研究科単位取得後退学（環境科学修士）。鳥取県、長崎県職員を経て、二〇一九年より現職。専門は動物生態学。学生時代からイノシシの生息地利用の研究に取り組み、そこで得た知見を活かして鳥獣被害対策に関係する研究や技術開発、人材育成等に従事。農林水産省農作物野生鳥獣被害対策アドバイザー、環境省鳥獣保護管理プランナーとしても活動。日本の狩猟文化とイノシシ保護管理の再評価および国外発信や連携に強い関心を持っている。

福岡富士子（ふくおか ふじこ）

ジビエ利活用アドバイザー・狩女の会主宰。二〇一四年に狩猟免許を取得。二〇一六年狩女の会を立ち上げ、現在は全国に五〇名近くのメンバーがいる。食肉処理業施設や飲食店、獣皮革細工教室の運営もしながら、「自然の恩恵」をテーマに講演活動を行っている。テレビ番組「世界一受けたい授業」の講師にも登録されるなど、数々のメディア出演を通し、ジビエ利活用の推進に努めている。二〇二〇年より商品開発等のコンサルタント業もスタート。YouTubeでは「ジビエふじこ」でチャンネルを持ち、狩猟やジビエ料理についての情報を発信している。

藤木徳彦（ふじき のりひこ）

「オーベルジュ・エスポワール」オーナーシェフ。一九九八年長野県蓼科に宿泊施設併設レストランをオープン以来、地産地消としてジビエを提供。野生動物による農林

業への被害の改善を目指すとともに、野生動物の命に感謝を捧げ、美味しく調理して人間の命の糧とするべきだという思いから、料理人としてジビエの価値や調理方法の伝道を開始。二〇一二年日本ジビエ振興協議会を設立。行政機関や企業などと連携しながらジビエ振興を進める。二〇一四年NPO法人日本ジビエ振興協議会、二〇一七年（一社）日本ジビエ振興協会に改組、代表理事を務めている。

真板昭夫（まいた あきお）

北海道大学国際広報メディア観光学院客員教授、嵯峨美術大学名誉教授。東京農業大学農学部農学科卒業、東京大学農学博士取得。専門は観光デザイン学、生活資源科学など。岩手県二戸市、西表島、ボスニア・ヘルツェゴビナ、フィジー、ガラパゴスなど国内外のエコツーリズムの調査研究を行っている。㈱未来政策研究所取締役顧問、（一社）日本エコツーリズム協会理事、NPO法人日本ガラパゴスの会副会長なども務めている。『観光デザイン学の創造』『エコツーリズムを学ぶ人のために』（いずれも世界思想社）など著書多数。

森田幸雄（もりた ゆきお）

麻布大学獣医学部獣医学科教授。日本大学農獣医学部獣医学科卒業、同大学院獣医学研究科博士前期課程修了。博士（獣医学）。群馬県職員として、対米国牛肉輸出検査、と畜検査、食品衛生監視、環境衛生監視、食鳥検査、狂犬病予防、感染症予防業務に従事したのち、

東京家政大学家政学部准教授、教授として栄養士・管理栄養士養成に尽力し、二〇二〇年より現職。日本獣医師会雑誌編集委員、日本食品微生物学雑誌編集委員なども務めている。

柳川　久（やながわ ひさし）

帯広畜産大学副学長。帯広畜産大学畜産学部卒業、九州大学大学院農学研究科博士後期課程修了。農学博士。専門は野生動物管理学。モモンガやコウモリ類などの夜行性小動物の生態と保護を研究。その後、野生傷病鳥獣の救護に関わり、野生動物の交通事故対策、エゾシカやヒグマなどの農業被害対策に取り組む。その他、トラやヒョウ、キリンなど動物園動物のエンリッチメントなど、所属学生や周囲の要請に応じながら幅広い研究に携わっている。

和田晴美（わだ はるみ）

佐賀生まれの佐賀育ち。狩猟家族に生まれ、夏は川で魚とり、冬は山で狩りをするのが普通の田舎暮らしだと思っていて、気付いたら大人に。実家は猟具製作・販売業を営んでいる。山と野生鳥獣の共存共栄を目指した活動を進めている。

（所属等は二〇二一年二月現在）

目次

第1章 ジビエってなに？

1　ジビエとは――ジビエの定義と世界のジビエ

❶ ジビエの定義

「ジビエ（gibier）」とは、ハンター（猟師）が狩猟によって、食材として捕獲した野生鳥獣（ソバージュ〈sauvage〉）を意味します[1]。ジビエもソバージュもフランス語ですが、まさにフランスがジビエの発祥の地とも言われています。後述しますが、ジビエとは、もともとは食べる目的に適った動物という限定的な意味です。英語ではgame meatと表記し、huntingをゲーム的に捉えた発想から派生した言葉とされています。

主なジビエとして、マガモ、アヒル、ヤマウズラ、キジ、ライチョウ、ヤマシギ、野ウサギ、シカ、イノシシ、クマなどが挙げられます（図1―1―1）。日本では、これまでジビエの定義があいまいでした。そこで、二〇一二年に発足した「日本ジビエ振興協議会」（現・一般社団法人日本ジビエ振興協会[2]）が、ジビエの定義について確認作業を行いました。シカ、イノシシ、クマ、アナグマ、ハクビシン、野ウサギ、カモ、ウズラ、キジなどの鳥獣の他にも種々の動物名が挙げられましたが、協議会としてはとりあえず、シカとイノシシを対象にすることが確認されました。これは他の鳥獣がジビエの対象ではないということではなく、当面の議論の照準を決めるためのものでし

図１－１－１　世界の主なジビエ

た。

国際連合食糧農業機関（FAO）のHP調査[3]によると、二〇一九年の世界の食肉消費の内訳（%）は牛・水牛（Cattle + Buffalo）が二一・五、羊・山羊（Sheep + Goat）が四・七、豚（Pig）が三二・四、家禽（Poultry）が三九・四、その他（Other）が二・〇となっています。いわゆるジビエはその他の二・〇%の中に含まれると思われますが、詳細なデータはありません。

❷ 世界のジビエの種類

FAOの資料にもあるように、世界では牛、水牛、羊、山羊、豚および家禽（鶏がメイン）が多く

表1－1－1　日本で入手可能な主なジビエ

中区分	種類	産地
カモ類	マガモ コガモ	日本・フランス・イギリス・ベルギー 日本・フランス・イギリス・ベルギー
シギ類	ヤマシギ タシギ	日本・フランス・イギリス・ベルギー 日本・イギリス
キジ類	キジ ヤマウズラ ライチョウ	日本・フランス・イギリス・ベルギー フランス・イギリス・ベルギー イギリス
ハト類	モリバト パロンブ ヤマバト	フランス・イギリス・ベルギー フランス 日本
ウサギ類	野ウサギ 穴ウサギ	日本・イギリス・フランス フランス
シカ類	ダマジカ アカシカ フェロー エゾシカ ニホンジカ	フランス ニュージーランド ニュージーランド 日本（北海道） 日本
イノシシ類	イノシシ マルカッサン サングリエ	日本 フランス カナダ
カンガルー類	カンガルー	オーストラリア
ラクダ類	ラクダ	オーストラリア

の人々によって食べられていますが、残りの二・〇％はどんな動物の肉なのでしょうか？　例えば、オーストラリア貿易投資促進庁のＨＰ[4]には牛、ラム（子羊）、豚肉の他、カンガルー、ワニ、ダチョウが記載されています。一方、北欧ではトナカイ、カリブー、ヘラジカなどの大型シカ類も市販されています。つまり、一般消費者であっても牛、豚、鶏以外の肉を、普通のマーケットで入手することができるのです。

日本で流通しているジビエには、国産のものと輸入されているものがあります。輸入のジビエは検疫上の理由から、ほとんどがフランス経由で輸入されています。イギリス、ドイツ、ベルギー、オーストリア、ハンガリーなどのジビエは、いったんフランスに集められたあと、フランスから日本へ輸出されます。そのため産地の特定が難しい場合もあります。表１－１－１は日本国内で入手可能な主なジビエの一覧です。また、オーストラリアからはラクダも輸入されており、これはＱＱＡＰ（QSAFE：Quality Assurance Program）という、オーストラリア検疫検査局（ＡＱＩＳ）によって認証を受けたプログラムのもとに製品管理がされています。

なお、生肉では輸入が制限される場合であっても、加熱処理などの条件が適合すれば、缶詰やジャーキーなどの形で輸入が認められることもあります。

2 日本のジビエ

❶ 鳥獣などの喫食文化と野生鳥獣の増加

● 日本での鳥獣などの喫食文化

現在、鳥獣による農業被害は深刻で、まさに人と鳥獣によるイタチごっこと言っても過言ではありません。山間地では住民の老齢化の進行によって、限界集落が至る所に見られるようになり、ついには農耕や農業生産を放棄するケースも散見されるようになってきました（図１－２－１）。さらに、深刻なのはクマによる人的被害の顕在化です[(1)(2)]。

鳥獣被害を静観するのではなく、鳥獣を適正な数に抑制する動きもみられ、各地で鳥獣対策が真剣に取り組まれるようになってきました。捕獲された鳥獣を有効利活用する動きとして、「ジビエ」という言葉を耳にする機会が増えてきています。

日本に仏教が伝来したのは飛鳥時代の五三八年ですが、この時以来、殺生は禁止され、表向きには肉食禁止令がまかり通っています。仏教伝来前はシカ、イノシシ、マガモ、ウミウなどの鳥獣、オットセイ、アザラシなどの海獣が食されていたことが、遺跡調査などで分かっています。奈良時代以降になって、シカ、イノシシ、カモ、クマなどは別扱いで山肉と称してよく食べられていたようです。

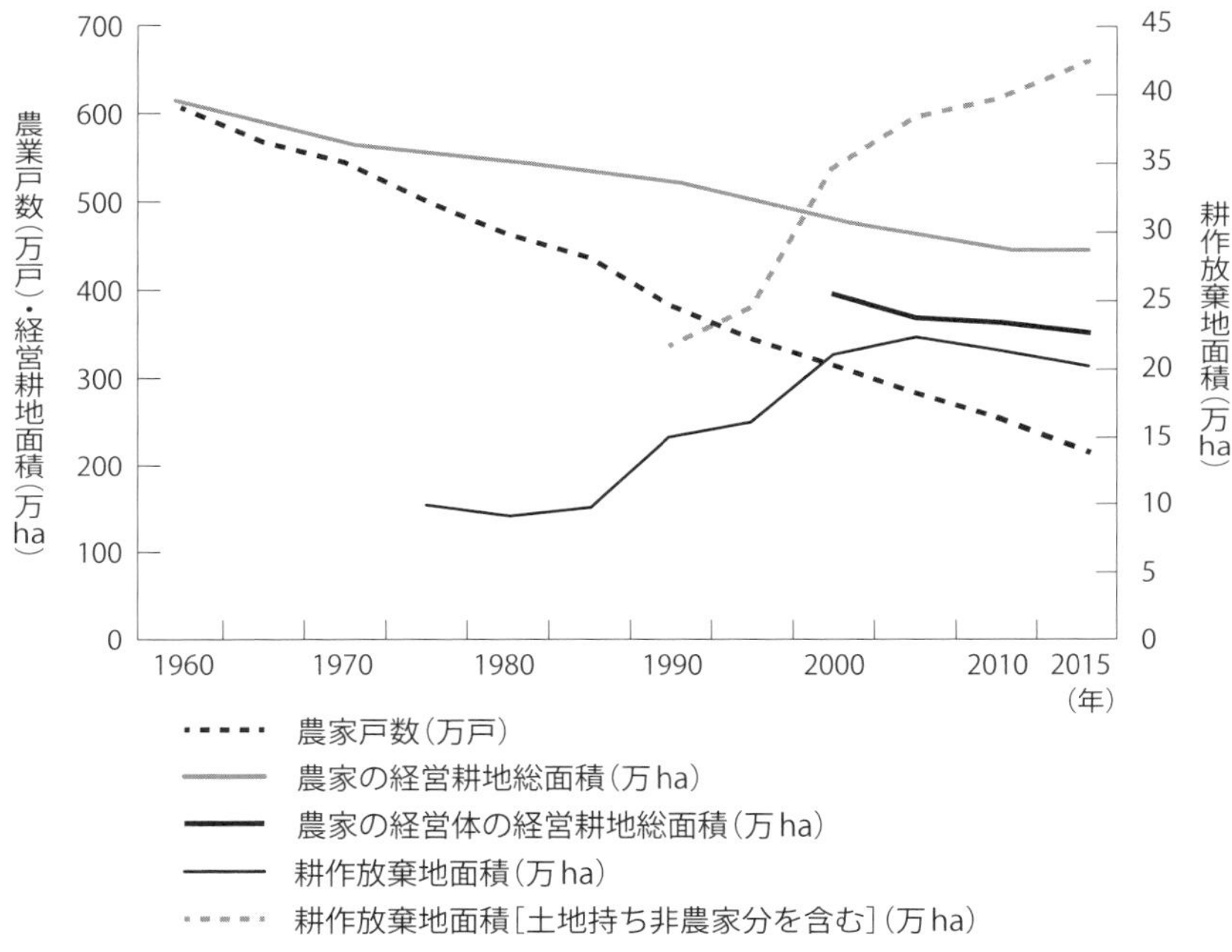

図１－２－１　日本の農業の実態（戸数・耕地面積・放棄面積）

江戸時代以降は、表向きは肉食忌避ということで、イノシシや馬などの肉類は「薬喰い」などという屁理屈のもとに食されていたようです。イノシシ肉を「牡丹」、シカ肉を「紅葉」、馬肉を「桜」と称したのは、花札の絵柄に由来するとの説もありますが、一方では、赤身と脂身の色から牡丹と言ったり、牡丹を模して盛り付けるからとも言われています。当時は猪をブタ、野猪をイノシシと読み、混同していたようです。

●野生鳥獣が増加した理由

山野にシカやイノシシが増え、それらをジビエとして食べるようになったのは二〇〇六年頃からです。シカが増えた理由として、狩猟人口の減少が挙げられます。古いデータをみると、一九七五年頃まではハンターの数は右肩上がりに増加してきましたが、これをピークとし、以降はハンター数が減少しています。しかし、シカやイノシシの捕獲数は右肩上がりの増加傾向です（図1－2－2）。ハンター数減少の背景には、狩猟免許を取得する若者の減少、免許所持者の高齢化という看過できない事実があります。

地球温暖化による積雪量の低下と積雪時期の短期化は、降雪の総量が少ないことを意味します。餌を求める野生動物の移動を困難にし、餓死や繁殖率の低下の原因となっていた積雪が減ったため、生存率や繁殖率が向上し、生息数の増加に反映されたとする考え方もあります。

また、里山利用の低下も指摘されます。以前は、里山と接し、林に囲まれた耕作地に限られていた野生鳥獣の被害を受けるエリアが近年広がっています。かつては里山のみならず、さらに奥深い山にまで炭焼きや木こり、狩猟を生業にする人々が出入りしていましたが、野生鳥獣にとって脅威だったこれらの人間やその気配が消えたため、野生鳥獣が増えたと考えられます。さらに、可能性は低いですが、捕食者のニホンオオカミの絶滅（一九〇五年）[3]を主張する考え方もあります。

二〇一七年度の全国のニホンジカ（北海道を除く）の推定生息数（中央値）は二四四万頭（図1－2－3）、イノシシは八九万頭と算出されました。さらに、ニホンジカについては二〇一七年度の捕獲数速報値をもとに、二〇一七年度の捕獲率で捕獲を続ける場合、二〇二三年度には中央値で約二〇七万頭となり、二〇一五年度の個体数の約七割になると予測されています。二〇二三年度に二〇一五年度（抜本的な鳥獣捕獲対策の一〇年半減目標の基準年）の個体数の中央値で半数以下にするためには、二〇一九年度以降に二〇一七年度の捕獲率の約一・四五倍の捕獲を続ける必要があると予測されました。

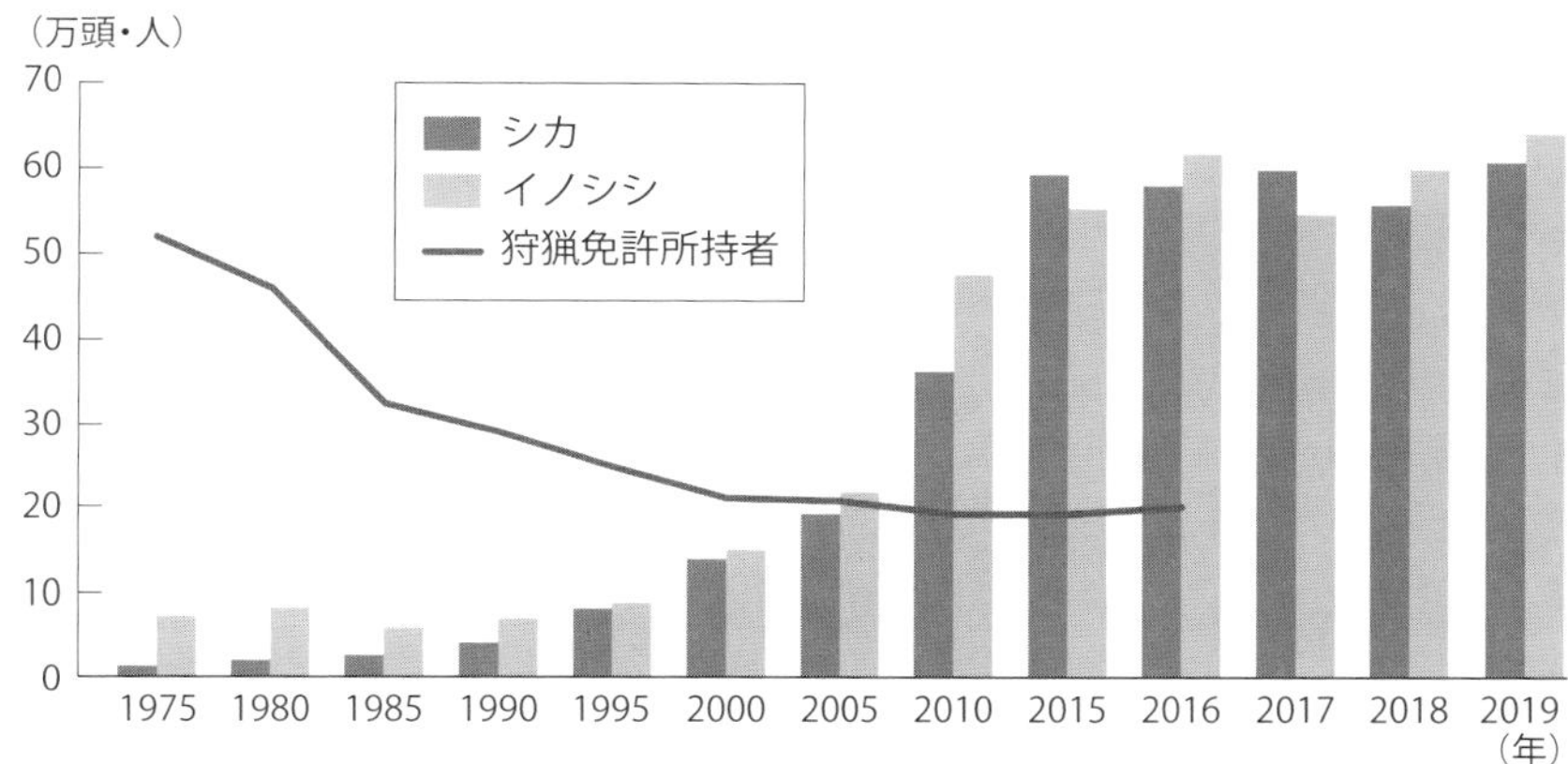

図1－2－2　全国のシカ・イノシシ捕獲数と狩猟免許所持者の推移

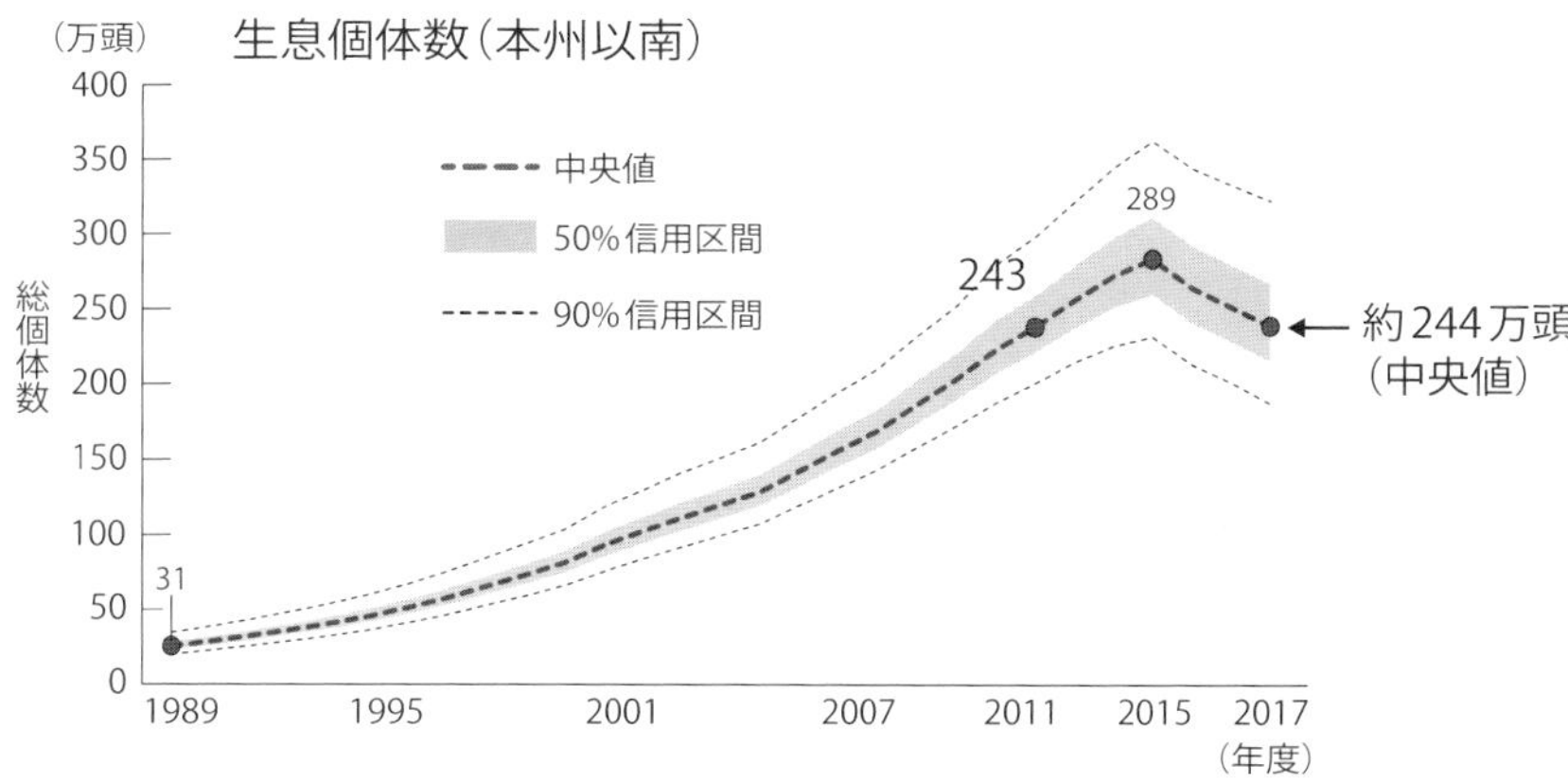

図1－2－3　ニホンジカ（北海道を除く）の生息数の予測（環境省）

❷ 狩猟文化とマタギおよびジビエの歴史

● 狩猟文化とマタギ

狩猟といえば猟師、猟師といえばマタギ（図1－2－4）という言葉が連想されます。このマタギとは、東北地方・北海道から北関東、甲信越地方にかけての山岳地帯で、古い方法を用いて集団で狩猟を行う人々を指します。「狩猟を専業とする」ことがその定義とされますが、現代においては単にマタギ郷として有名な土地に生まれ、鉄砲撃ちを生業とする猟師のことを指すのが一般的です。その獲物は主にクマの他に、アオシシ（カモシカ）やニホンザル、ウサギなども対象とされていました。

マタギは古くは山立（やまだち）とも呼ばれており、特に秋田県の阿仁（あに）マタギが有名です。阿仁町（旧・北秋田郡、町村合併で北秋田市に編入）のマタギの人たちには、代々、マタギの聖典のような巻物が伝えられています。マタギとして狩猟をすることには、仏教の伝来以来、大変大きなイデオロギー上の軋轢（あつれき）や迫害がありました。四つ足の動物を殺して食べることは仏教のタブーを犯すことにつながると考えられていたからです。仏教の教えでは、四つ足の動物を殺してはならないし、食べることもご法度（はっと）です。その歴史は古く平安時代にまで遡（さかのぼ）りますが、他の猟師には類を見ない独特の宗教観や生命倫理を尊んだという点において、近代的装備の狩猟者（ハンター）とは異なることに注意が必要です。

森林の減少やカモシカの禁猟化により、本来のマタギ猟を行う人は減少しています。近世以後のマタギは、年の半分は農業に従事して定着し、狩猟は副業化する傾向となり、狩猟を専業とするもの、つまり本当の意味でのマタギはごく一部の人に限られているようです。[4]

マタギを大きく区分すれば、日光系と高野系に分けられ、「山立由来記（山立根本巻）[5]」によると、彼らの祖先が山の神を助けた功により山中の狩猟を許されたといいます。このように狩猟文化や山肉食と、殺生を嫌う仏教とは折り合いが良いとは言えません。

この点で興味深いのは、狩猟と関わりの深い長野県にある諏訪大社です。諏訪大社では、古くから「鹿食免（かじきめん）」と「鹿食箸（かじきばし）」を授けています（図1−2−5）。ありがたいお札を授かり、「諏訪の勘文」を唱え、この箸を使うことで、シカを食べることが許されたといいます。「鹿食免」には「慈悲と殺生は両立する」という教えが書かれており、生きるための狩猟が宗教的に正当化されていました。そのため、諏訪大社は各地の猟師や武士らの信仰を集めたと言われています。

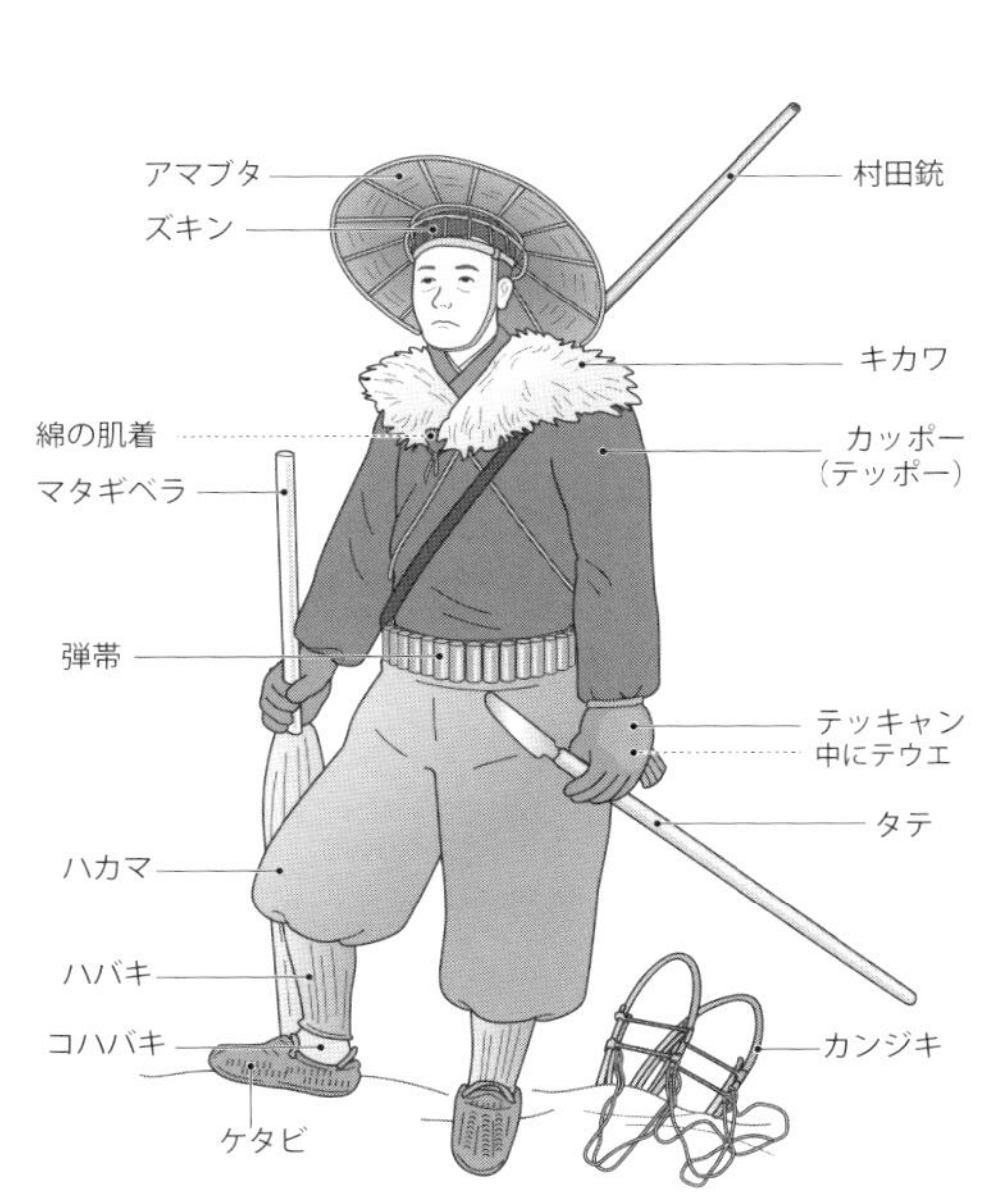

図1−2−4　マタギの装束（くまの棲むまちHPより）

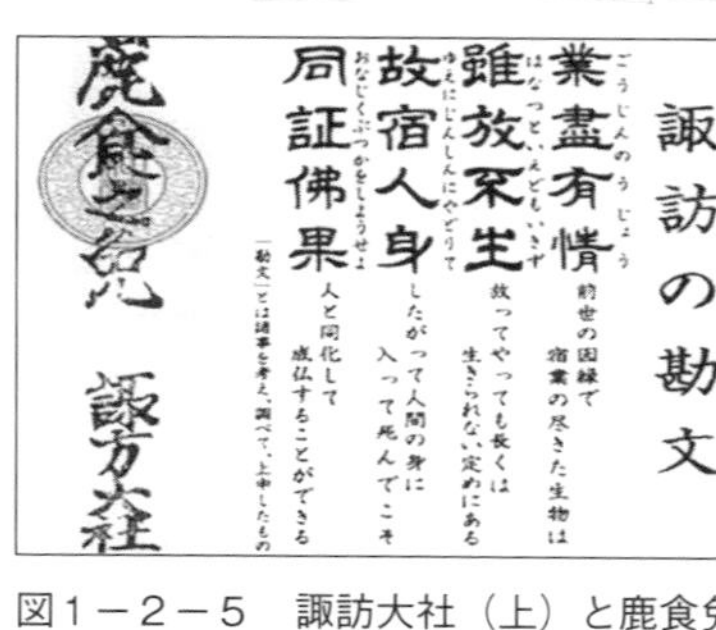

諏訪の勘文（かんもん）

業盡有情（ごうじんのうじょう）　前世の因縁で宿業の尽きた生物は
雖放不生（はなつといえどもいきず）　放ってやっても長くは生きられない定めにある
故宿人身（ゆえにじんしんにやどりて）　したがって人間の身に入って死んでこそ
同証佛果（おなじくぶっかをしょうせよ）　人と同化して成仏することができる

「勘文」とは諸事を考え、調べて、上申したもの

鹿食之免　諏方社

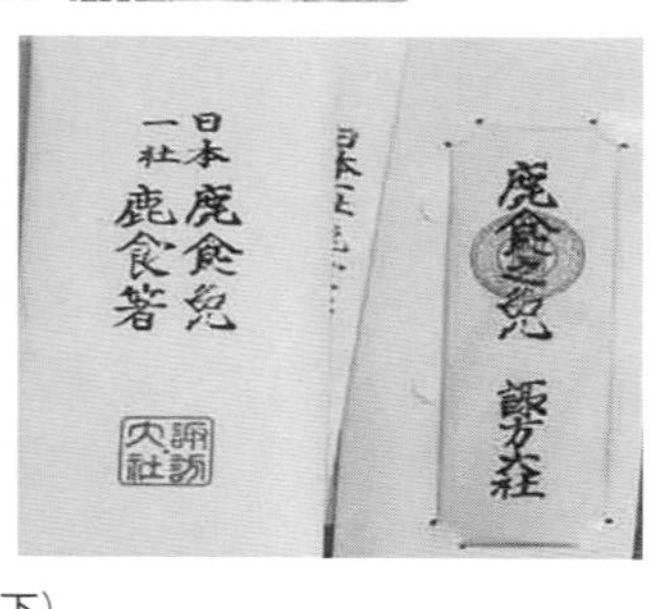

図1－2－5　諏訪大社（上）と鹿食免（下）

●ジビエの歴史

人類の歴史が始まって以来、人は食料調達のために、そして大型動物から自らの身を守るために、狩りをしてきました。紀元前一万五〇〇〇年、野生の動物の飼育（家畜化）や農耕が始まり、狩猟は楽しみの一部、レジャーへと変わっていきました。そして、フランスなどのヨーロッパでは、中世（一六世紀以降）になると狩猟は貴族や聖職者たちの特権となっていきます。その時代に狩猟について「ジビエ」という言葉が登場（図1－2－6）するようになり、人々は狩猟に出ることをアレ・アン・ジビエ *Aller en gibier* と言っていました。Aller は英語で言うと go を意味します。

獲物は格付けされ、大型の四つ足動物は貴族階級だけが狩猟でき、小型の野ウサギや野禽類は庶民にという具合でした。なお、鳥類をジビエ・ア・プリュム *Gibier à plume*、四つ足動物をジビエ・ア・ポワル *Gibier à poil* と呼びます。

一方、わが国では、江戸時代になって江戸近郊

図１－２－６　Frans Snyders（フランス・スナイデルス）／A game shop（ジビエの肉屋）
制作：1625～1650年頃、177×274cm、油彩、収蔵：オスロ国立美術館。

農村で農民が鉄砲などで捕獲した農害獣であるイノシシやシカなどを利根川を利用して江戸へ運び、それらの肉を食べさせ、売っていた店のことを「ももんじ屋」または「ももんじい屋」と呼んでいました（図１－２－７）。その他、犬やオオカ

図１－２－７　山くじら すき焼 ももんじや
東京都墨田区両国にある享保３年（1718年）から続く山くじら（イノシシ肉）料理専門店。イノシシ肉だけでなく、シカ肉、クマ肉なども提供されている。

ミにキツネ、サル、鶏、牛、馬なども扱っていたようです。「ももんじ屋」は今でいう、ジビエの取扱店でしょう。

しかし、明治になって庶民の間にも肉食が始まり、牛乳、乳製品、鶏卵などの畜産食品も次第に広まってきました。この時期は日本の畜産の黎明期と呼ばれます。一九三〇年代には、戦争の道具の一つとしての軍馬生産に力が注がれ、馬の生産を主とした獣医・畜産教育も全国で始まりました。さらに、国内の食肉需要の高まりに呼応して、食肉を生産する畜産業が世界でも類を見ないような技術のもとに発展していきました。

そして、食品衛生法（一九四七年）や、と畜場法（一九五三年）が整備され、と畜場では牛、馬、豚、めん羊、山羊がと畜されています。さらに、食鳥検査法と食品衛生法のもとに、食鳥処理施設では鶏やアヒル、七面鳥などの鳥類が処理され、それぞれ安心・安全な食肉の提供がなされるようになっていきました。

❸ ジビエの黎明と振興

● 日本でのジビエの黎明

日本にジビエのブームが到来したのは、野生鳥獣を食肉として利用できるルールが整備されはじめた二〇〇六年頃からでしょう。北海道ではエゾシカによる被害に悩まされ、他の自治体よりもかなり早く「エゾシカ衛生処理マニュアル」[6]を二〇〇六年に作成しました。エゾシカ対策として、エゾシカ対策課（現在は生物多様性保全課）も設けられ、捕獲対策と有効利用を担当しています。

図１－２－８　パリのマルシェの肉屋さん（ジビエも売られている）

フランス料理の食材としてのジビエ（図１－２－８）は、一九九〇年の中頃からわが国にも輸入されるようになってきました。ピジョン（ハト）、コルヴェール（マガモ）、ペルドロー（ヤマウズラ）、フザン（キジ）、リエーヴル（野ウサギ）、シュヴルイユ（シカ）などがフランスから輸入されています。これらは全部がフランス産というわけではありません。既述のように、ベルギー、イタリア、スペイン、ドイツなどのヨーロッパ各国、さらにはオーストリアなどで獲れたジビエがいったんフランスに集められてから輸出されるのです。

現在、日本でジビエを入手するには、専門の業者・肉屋に依頼する方法が一般的ですが、国内のハンターとつながりのある精肉店、または食肉処理施設を持つハンターから直接買い付ける方法もあります。ジビエの品質は、年齢や性別などにより肉質が不揃いで当たり外れがあり、実際に捌いてみないと確認できないことも多くあります。また、費用や労力が掛かる上に安定供給できない効率の悪い食材のため、相場感も独特です。このためジビエの流通では、信頼関係や目利き、経験が重要となります(7)。

●日本でのジビエ振興

ジビエの衛生管理に関するガイドラインの策定や、ジビエのブームに相まって、任意団体である「日本ジビエ振興協議会」が藤木徳彦氏（図1-2-9）らによって二〇一二年に設立されました。それまで、ジビエを専門に扱う団体はありませんでした。もともと、藤木氏は一九九八年に長野県茅野市にフレンチレストラン「オーベルジュ・エスポワール」をオープンさせ、オーナーシェフとして腕を振るってきました。そのレストランの立地環境を活かして、そこでしか味わえない美味しい料理や、そこでしか楽しむことのできない空間でのおもてなしを提唱し、「地産地消の仕事人」として全国各地で地域の魅力を発信するための助言を行ってきた方です。ジビエも藤木氏の考える重要な食材の一つであり、二〇一五年よりジビエの正しい普及活動を全国的に行うようになりました。

二〇一七年に協議会は「一般社団法人日本ジビエ振興協会」として従来の内容・組織などを改革しました[8]。その「日本ジビエ振興協会」の趣意書には次のような記載があります。

「日本国内で適正に捕獲された野生鳥獣を、衛生的に処理・加工し、流通規格に則った安心・安全な流通を経て、美味しく価値ある食の資源として活用するために、ジビエの衛生管理や取り扱いについての正しい知識を普及させ、健全で成熟したジビエのマーケットを創出することを目指す」、「ジビエを利活用することで、農林業への鳥獣被害、山野の荒廃、営農意欲の低下など日本国の抱える問題を解決し、活力ある農業現場の復活と、自然と人間の共生する社会の現実を目指す」……

これらは、憲法の前文のような性格を持っており、どのような意気込

図1－2－9　藤木徳彦氏とオーベルジュ・エスポワール

文部科学省科学技術・学術審議会資源調査分科会では、日本食品標準成分表を５年ごとに改訂し、その内容を公表している。2015年版（七訂）では、15年ぶりとなる収載食品の拡充や、新たに炭水化物成分表を作成するなど、大幅な改定となった。この改訂で、ニホンジカの栄養成分が追記され、肉類の欄にはシカとこれまでのイノシシの２つが掲載されている。

多くの人が食べる機会の可能性が示唆された証

図１－２－10　ニホンジカの栄養成分が追記された「日本食品標準成分表2015年版（七訂）」

みで活動を行っていくのかという理念に触れています。ちなみに、日本国憲法の前文には「日本国民は、正当に選挙された国会における代表者を通じて行動し、われらとわれらの子孫のために、諸国民との協和による成果と、わが国全土にわたって自由のもたらす恵沢を確保し、政府の行為によって再び戦争の惨禍が起ることのないようにすることを決意し、ここに主権が国民に存することを宣言し、この憲法を確定する（以下、省略）」と記されています。

　北海道での取り組みに端を発し、厚生労働省が二〇一四年にガイドラインを制定し、農林水産省で鳥獣対策を行う対策室が農村振興局の一員となり、鳥獣利活用推進班も二〇一五年に設置されました。さらに同じ年には、日本食品標準成分表二〇一五年版（七訂）にニホンジカの栄養成分が追記され、肉類の欄にはシカとイノシシの両方が掲載されるようになりました[9]。これは、これまで一部の人が個人的に楽しむ食材であったジビエが、多くの人が食する可能性のある一般的な食材として位置づけられた証と言えるでしょう（図１－２－10、表１－２－１）。また、ジビエに関する全国的な大会である日本ジビエサミットが、「日本ジビエ振興協会」の主催によって鳥取[10]、福岡[11]、和歌山[12]、鹿児島[13]、徳島[14][15]、東京[16][17]で順次開催されるようになりました（表１－２－２）。

表1－2－1　食品としてのジビエの位置づけ

収載食品（一部）

食品番号	食品名	英名	一般成分表	アミノ酸	脂肪酸	炭水化物
11001	イノシシ肉、脂身つき、生	Wild boar, meat, lean and fat, raw	○		○	
11114	シカ アカシカ 赤肉、生	Deer, red deer, meat, lean, raw	○	○	○	
11275	シカ ニホンジカ 赤肉、生	Deer, japanease shika deer, meat, lean, raw	○	○	○	
11115	ブタ［大型種肉］かた 脂身つき、生	Pork, large type breed, picnic shoulder, lean and fat, raw	○		○	

○：収載　空欄：未収載

表1－2－2　ジビエの動き（全国的な取り組み）

- 北海道での取り組み（2006～）
- 日本ジビエ振興協議会の設立（2012）
- 厚生労働省のガイドラインの制定（2014.11）
- 第1回日本ジビエサミットの開催（2015.2：鳥取）
- 農村振興局に鳥獣対策室が入り、鳥獣利活用推進班が設置（2015.10）
- 国産ジビエ流通規格検討協議会が設立（2015.11）
- 日本食品標準成分表の改訂（2015.12）
- 第2回日本ジビエサミットの開催（2016.2：福岡）
- 移動式解体処理車の誕生（2016.7）
- 第3回日本ジビエサミットの開催（2016.11：和歌山）
- 一般社団法人日本ジビエ振興協会に改組（2017.3）
- 第4回日本ジビエサミットの開催（2018.1：鹿児島）
- 国産ジビエ認証制度の制定（2018.5）
- 第1回国産ジビエシンポジウムの開催（2018.11：東京）
- 第5回日本ジビエサミットの開催（2019.1：徳島）
- 第2回国産ジビエシンポジウムの開催（2019.11：東京）
- 第6回日本ジビエサミットの開催（2019.11：東京）
- 第7回日本ジビエサミット（開催予定）（2021.11：岡山）

3 農業被害と野生鳥獣の利用

❶ 農業被害の実態と鳥獣対策

●野生鳥獣による農業被害の実態

農林水産省のまとめ[1]によると、二〇一九年度の鳥獣による農作物被害は、被害総額が一五八億円で前年度に比べ二四〇〇万円増加（〇・二％増）、被害面積が四万八四〇〇haで前年度に比べ三四〇〇ha減少（六・六％減）、被害量が四五・八万tで、前年度に比べ三・八万t減少（七・七％減）としています。

また主要な獣種別の被害金額については、シカが約五三億円で前年度に比べ約一・一億円減少（二％減）、イノシシが約四六億円で前年度に比べ約一・一億円減少（二％減）、サルが八・六億円で前年に比べ約三七〇〇万円増加（四・五％増）です。表1―3―1に、二〇一五～二〇一九年に農業被害を受けた面積と被害額を、図1―3―1に農業被害の一例を示します。

表1－3－1　主な鳥獣による農業被害の実態（単位：面積；1,000ha、金額；100万円）

	2015年		2016年		2017年		2018年		2019年	
	面積	金額	面積	金額	面積	金額	面積	金額	面積	金額
カラス	4.4	1,651	3.7	1,618	3.0	1,470	2.6	1,425	2.3	1,329
スズメ	2.2	365	1.6	310	1.1	307	0.8	237	0.7	236
シカ	51.2	5,961	42.8	5,634	35.4	5,527	35.8	5,410	33.8	5,304
イノシシ	9.6	5,133	8.2	5,072	6.7	4,782	5.9	4,733	5.5	4,619
総合計	80.9	17,649	65.2	17,163	53.2	16,387	51.8	15,777	48.4	15,801

イノシシの被害を受けたミカン園

図１－３－１　野生鳥獣による農業被害の一例
（２ページ、口絵１）

●鳥獣対策への取り組み

国や各地の地方公共団体で、最重要課題としてシカとイノシシの対策に取り組んでいるので、主にそれらについて紹介します。その対策方法は次に示す三つです。

〈侵入防止柵の設置〉

シカは跳躍力に優れているので、ネットを使った柵の設置と電気柵が有効です。ネットを設置する場合には、跳躍力を考慮して、柵の高さは二m程度必要です。電気柵を設置する場合の柵は、最下線を地面から二五cm以下、一番上を一二〇cm程度（シカの鼻先の高さ）とし、二〇～二五cm間隔で電線を四段以上張ることが求められています。なお、当然のことですが、人への感電対策を十分に施す必要があります[(2)(3)]（図１－３－２）。

〈捕獲〉

捕獲の方法は狩猟とわなの二つです。どちらも狩猟期間が定められており、取り扱いにあたって

図１－３－２　侵入防止柵の一例

図１－３－３　捕獲の方法
（２ページ、口絵２）

図1－3－4　各種の誘引物

は免許が必要となります。捕獲は個体数の調整に有効です（図1－3－3）。

〈誘引物の除去〉

収穫で取り残した野菜や果樹は、シカを引き寄せる格好の餌となるので、早期の引き抜き処理が必要となります。また、水田でのヒコバエ（切り株から出た若芽）や法面（人工的な切土や盛土によりできる斜面）の青草は、シカにとって冬場の餌となることが多いようです（図1－3－4）。北海道内のエゾシカの列車障害事故[4]は冬期間に多発します。これは、線路際の斜面は日当たりや風の影響が少なく、餌を求めにくる個体が集まることに起因しています。

❷ 野生鳥獣の利用の実態とジビエの将来

● シカ・イノシシなどの利用の実態

山野で捕獲されたシカやイノシシ、他の野生鳥獣がどのように利活用されているのでしょうか？

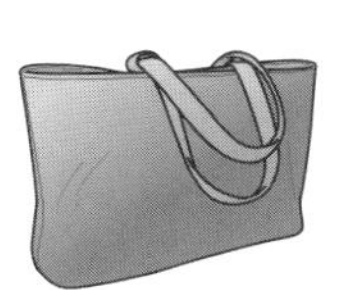
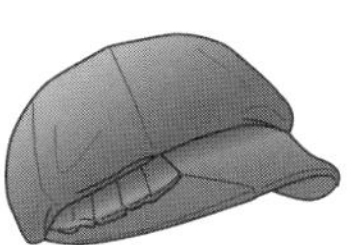

図１－３－５　野生鳥獣の利活用の方法

①ジビエとして食べる、②毛皮加工し衣料品とする、③アクセサリーとして身に着ける、④皮革製品として鞄や靴に利用する、⑤自然の享受と捉え教育材料とする、⑥地域おこしや観光の資源として利用する、などが考えられます[5]（図１－３－５）。

日本ジビエ振興協会が、環境省の二〇一二年の統計をもとに、捕獲から食肉処理施設までの流れをまとめた資料があります（図１－３－６）。それによると、シカについては九五％が廃棄、イノシシでは狩猟によって捕獲されたものの五〇％が、その他の有害鳥獣捕獲では九八％が廃棄されているのが現状です。

一方で、総務省がまとめた資料[6]（図１－３－７）によると、狩猟では二四％、有害鳥獣捕獲では六三％が埋設あるいは焼却されている実態があります。さらに、自家消費が狩猟で七五％、有害鳥獣捕獲で三七％を占めています。

つまり、各自治体やハンターたちは野生鳥獣を捕獲し、野生鳥獣による各種の被害の低減化に奮

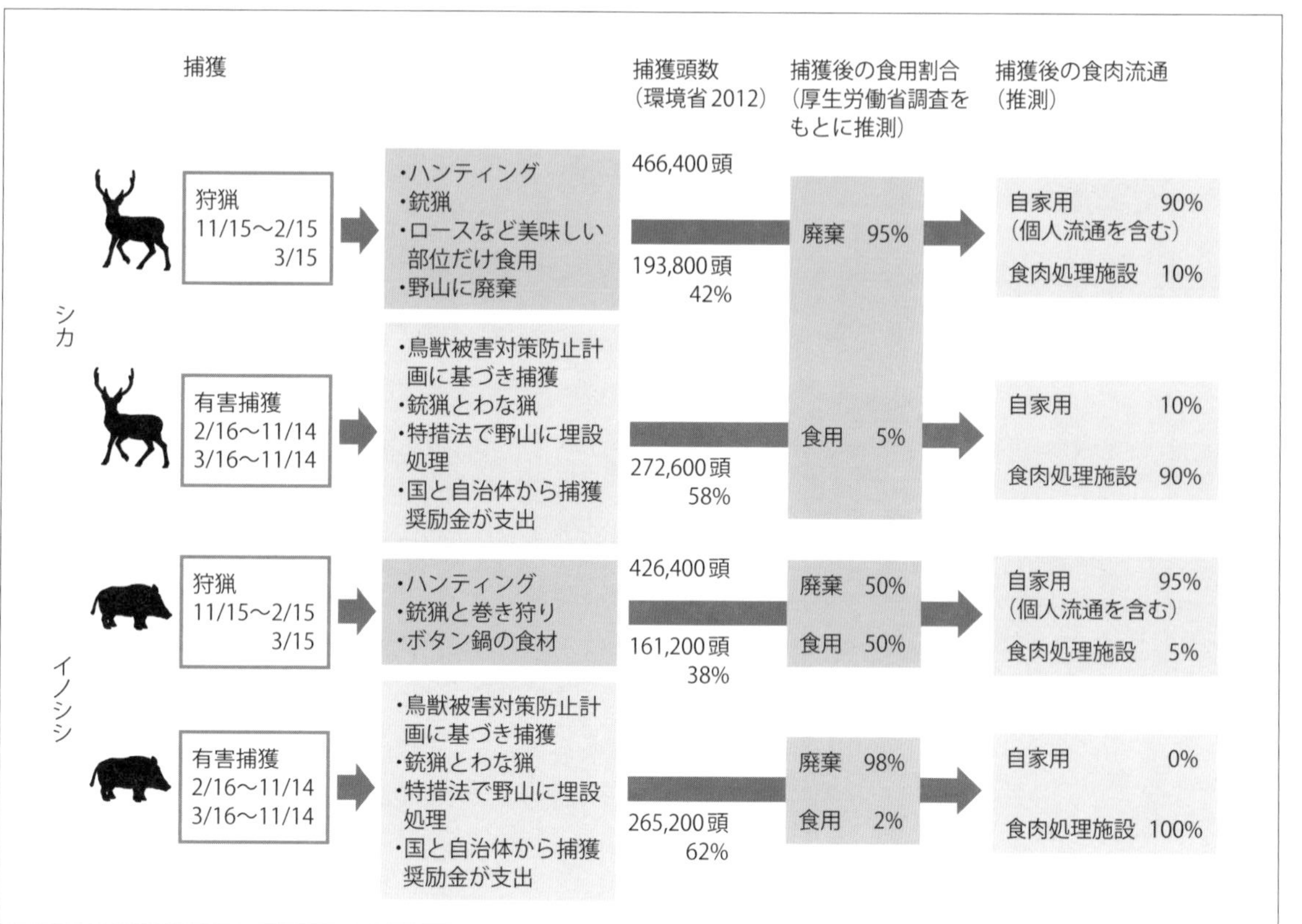

図1－3－6　ジビエの捕獲から食肉処理施設までの流れ（日本ジビエ振興協会による）

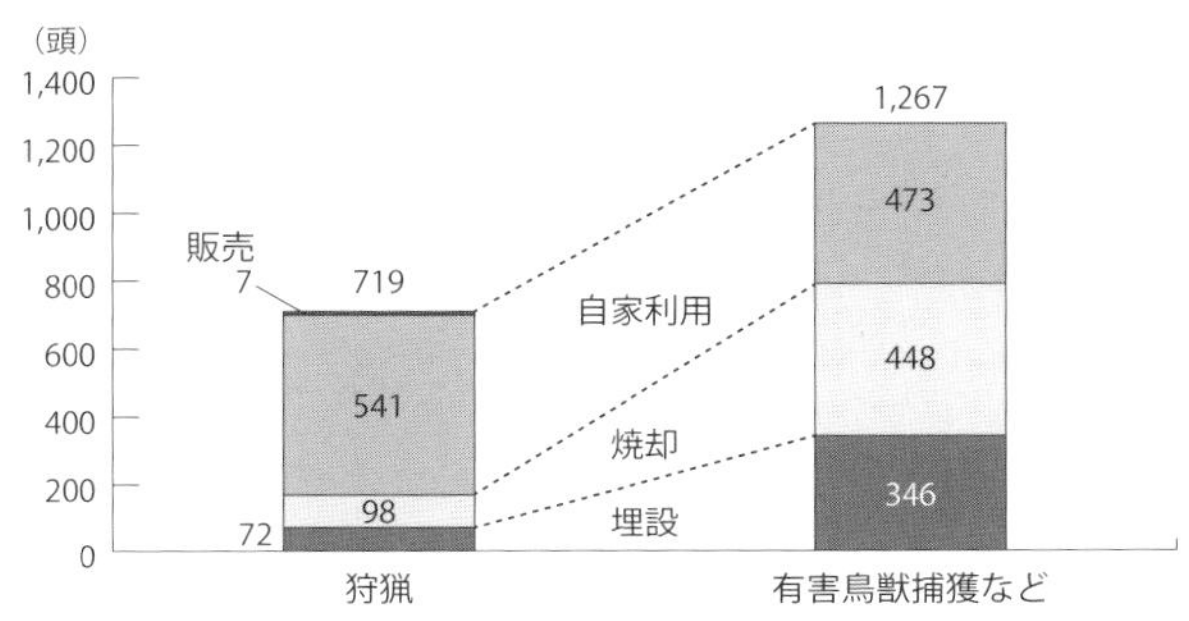

図1－3－7　捕獲したニホンジカ、イノシシの処分方法
（狩猟者の捕獲の実態に関する委託調査〈狩猟者36人〉による）

闘努力していますが、捕獲されたものの多くが廃棄物として無駄になっている現状があります。なお、食べること以外での利用についての正確な情報・資料は見当たりません。

●ジビエの将来

日本国内で捕獲されたシカやイノシシを食肉として活用する動きが始まって一〇年以上たった現在、国内のジビエ振興はいろいろな意味で節目を迎えています。ジビエの現在から将来を項目ごとに、次のように整理してみました。

〈食品としてのジビエの位置づけ〉

先に述べましたが、「日本食品標準成分表二〇一五年版（七訂）」におけるシカやイノシシの掲載（図1－2－10、表1－2－1参照）は、多くの人が食する可能性のある一般的な食材として位置づけられた証と言えます。

〈国としての対応〉

既述のように、二〇一四年一一月には、厚生労働省から「野生鳥獣肉の衛生管理に関する指針（ガイドライン）」が発表され、国としてこれまでなかった管理基準が示されました。また、今ま

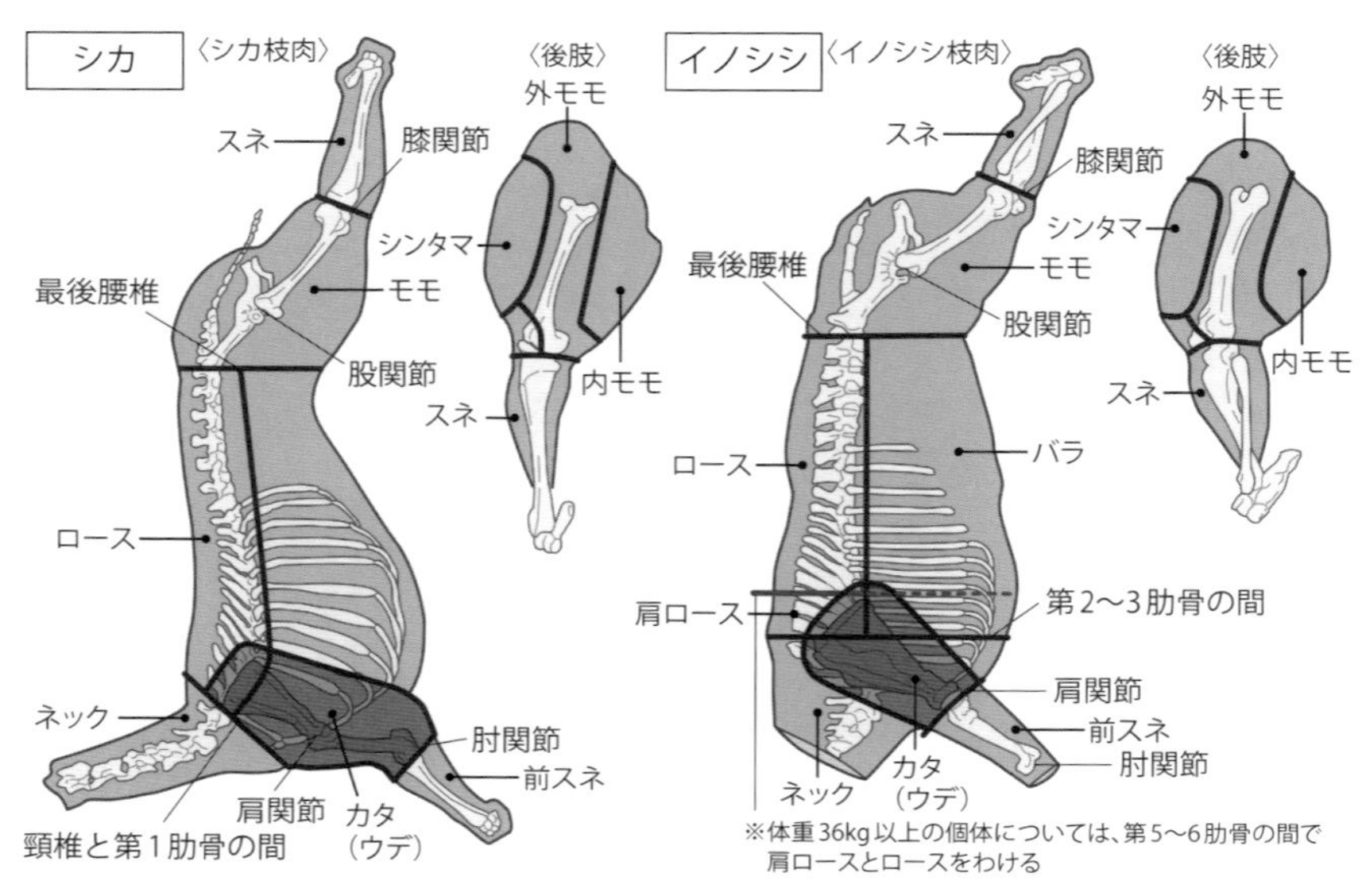

図1－3－8　国産ジビエ流通規格のカットチャート

で農林水産省にはジビエの利活用についての専門の部署がありませんでした。しかし、二〇一五年一〇月には農村振興局内に鳥獣対策室が入り、「鳥獣被害対策企画班」、「鳥獣被害対策推進班」、「鳥獣被害対策調査技術班」および「鳥獣利活用推進班」という部署が整備され、ジビエの食肉利活用についての相談窓口となりました。

〈ジビエの流通規格の統一化〉

ジビエの流通における規格は全国で共通したものがなく、各々の獣肉処理施設がそれぞれの規格で販売を行っていました。そのため、ユーザーが複数の処理施設に、ジビエの同じ部位を注文しても、それぞれから異なる状態の商品が届く状況となっていました。出荷基準のある家畜と違って、ジビエは個体の大きさも不統一で、すべてを規格に当てはめるのは難しい部分もあります。しかし、大量のジビエの安定供給を求める大手食品メーカーからの要望もあり、流通におけるジビエの肉質や形状の目安になる統一規格[7][8]（図1－3－8）が必要となりました。これに応じて、「国産ジビ

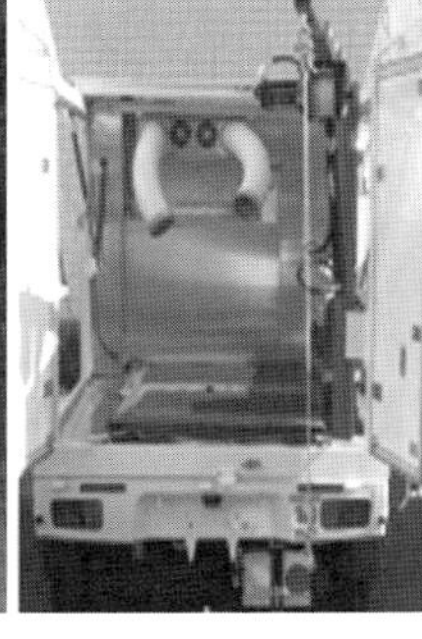

図1－3－9　左からジビエカー、ジビエカージュニア、ジビエストレッチャー

エ流通規格検討協議会」で検討し、二〇一八年度から流通規格が運用されるようになっています。

〈ジビエカーでの対応〉

捕獲現場では、捕獲した個体をすべて活用することは不可能です。捕獲しても、処理施設に持ち込んで内臓摘出までの時間が長くなり、食肉として利用できないケースも多々あります。捕獲する立場からは、一度、山に入ってしまうと獣肉処理施設のある里に何度も往復することは大変で、捕獲のたびに処理することは困難を極めます。しかし、廃棄率が高いと獣肉処理施設の運営も困難となってしまいます。そこで、捕獲した個体の利用率を引き上げるため、狭い林道まで入って解体処理が可能な「移動式解体処理施設」、すなわち「ジビエカー」（図1－3－9）が試作・開発され、現在では改良型が運用されています[9]。また、ジビエカーは2tトラックをベースにしているので、細い林道にも入れるような4WDの軽トラックをベースにしたミニタイプのジビエカージュニアも開発されました。

〈処理施設と作業者の認証〉

野生鳥獣を食肉とするためには食肉処理業の免許が必要です。その効果で施設基準が設定され、研修や講習により衛生的なジビエに近づける途が開けたように思います。

現行の牛や豚の食肉衛生検査では、都道府県や政令都市に属する獣医師職員が「と畜検査員」として活躍しています。彼らは六年間の大学教育後に、一定の研修を受けて現場に立っています。しかし、ジビエに関して、これと同様、あるいはその水準に近いものを求めること自体に無理があります。このような背景を考慮すれば、野生鳥獣については、食鳥検査における食鳥処理衛生管理者と同等の教育レベルが求められるべきと考えられます。

また、鳥獣を狩猟する猟師についての教育が、実際にどの程度の水準に達しているのか不明です。特に狩猟時における野生鳥獣の取り扱いについては未知数です。これについても十分な教育レベルの付与が不可欠と考えられます。つまり、行政的にジビエに対する衛生検査レベルを現行の食肉衛生検査と同水準にすることが困難であれば、早急に、要するに、狩猟者、野生鳥獣処理施設の認定・登録制度の導入の必要性が求められます。なお、現行では日本ジビエ振興協会が農林水産省の補助事業の一環として、認証を希望する施設に対し、申請書に基づき、書類審査、現地審査などを実施し、認証を二〇一七年度から試行的に開始しました[10]。さらに、二〇一八年度から農林水産省の監督の下に、民間による認証事業（国産ジビエ認証）も開始されるようになりました。

〈ジビエの販路拡大〉

ジビエを（牛肉、豚肉、鶏肉に次ぐ）第四の肉と位置づけ、利用拡大を図る動きがありますが、JA全農やJR東日本は他に先駆けた取り組みを始めています。JA全農は、農林水産省の六次化ファンドを活用した子会社㈱ピュアディッシュを千葉市に二〇一四年八月から稼働させました。この会社は「真空低温調理」専用の工場で、野菜、果物、肉でも食材そのものの風味を損なわず、スジ肉や硬い部位も柔らかく調理することが可能なので、ジビエの加工に向いています。加熱温度は

図１－３－10　ジビエのファストフードの一例

六五～九五℃で、レトルトと違い、肉の食感や香りが失われることがないので、ジビエの魅力をストレートに伝える加工品を作ることができます。また、ＪＲ東日本フードビジネス㈱が二〇一四年秋から冬に展開した「ジビエフェア」では、このピュアディッシュで製造する「信州ジビエ鹿肉カレー」と「千葉県産イノシシ肉のすき煮そば」などを東京近郊のエキナカのカフェとそば店で販売し、好評を博しています[11]（図１－３－10）。

さらに、これらの鳥獣をジビエとして、給食で活用する方法が考えられます。筆者らの二〇一六年の調査では、ジビエを学校給食に導入している道府県は国内で四割程度でしたが[12]、二〇二一年二月現在では半数以上に広がっています（図１－３－11、12）。

ジビエ（野生鳥獣肉）の「食への利用」が近年注目を集めていますが、「地産・地消」、「食育」、「地方創生」、これらのキーワードとともに、ジビエが牛、豚、鶏、羊、馬に続く新たな肉として普及することによって、鳥獣害対策の解決の一翼を担う可能性を秘めているものと期待されています。これについては一層の調査を継続して行う必要があるでしょう。

（押田敏雄）

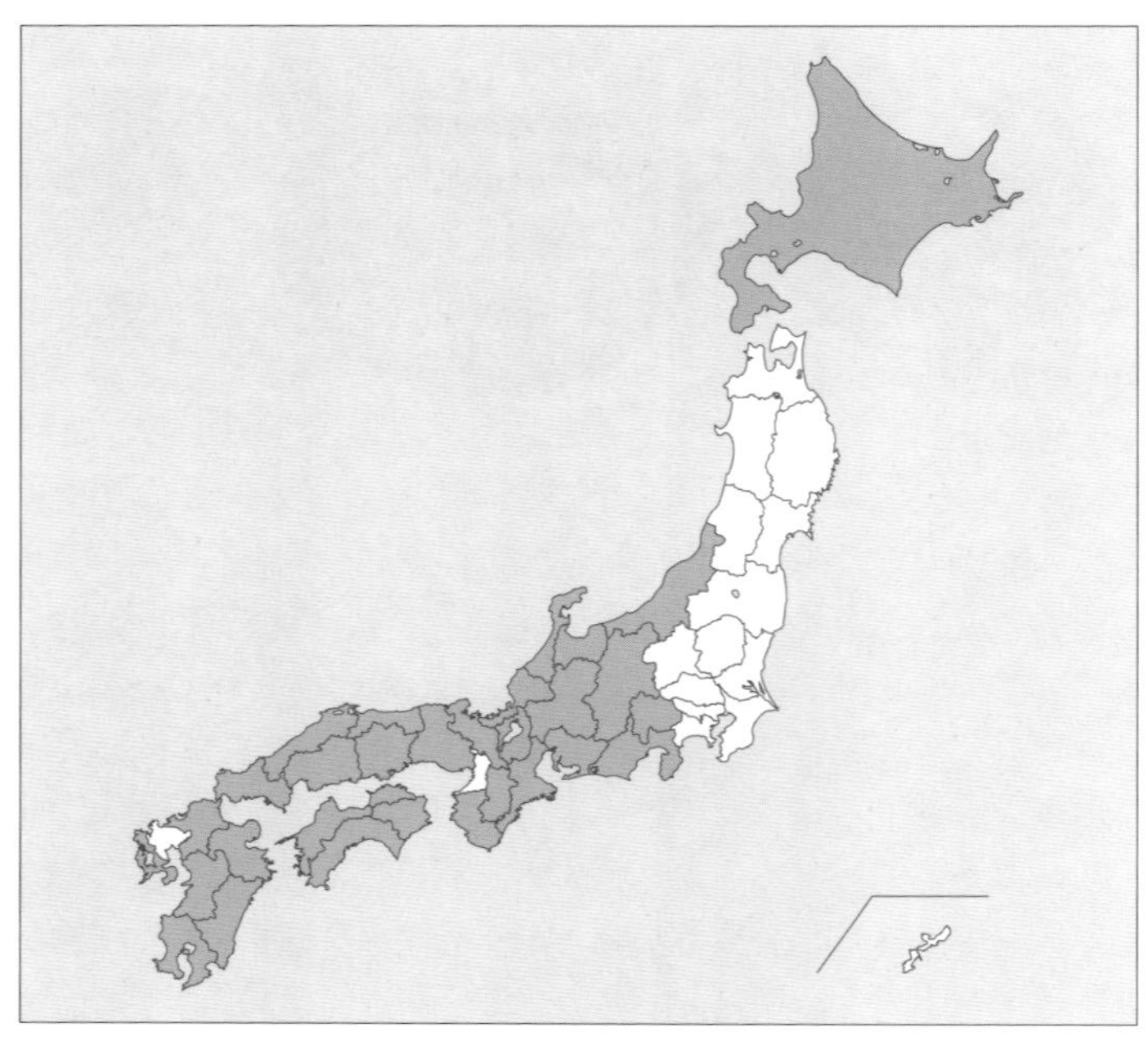

図1－3－11　学校給食にジビエを導入している自治体
(2021年2月現在)

図1－3－12　学校給食で出食されるジビエ給食の一例
(3ページ、口絵3)

4 「狩猟と有害鳥獣捕獲」の違いからジビエ利用がどうあるべきかを考える

「ジビエ」とは「狩猟によって食材として捕獲された野生鳥獣とその肉」を表すフランス語ですが、日本で食されているイノシシやニホンジカのジビエ肉は、決して狩猟によるものだけではありません。ましてや、食材とすることを目的に捕獲された個体ではないイノシシやシカまでもが食肉利用されているのが、国産ジビエの現状です（決してこのことが悪いというのではありません）。通常のイノシシやシカの捕獲には銃やわなが使われますが、同じ人が同じ方法で捕獲する場合であっても、捕獲の目的が異なるため、捕獲する場所や時期が違ってくることがあります。では「狩猟」以外の捕獲とは何か……それは許可捕獲の一つ「有害鳥獣捕獲」による捕獲です。

❶ 野生鳥獣の捕獲に関する法令について

野生鳥獣の捕獲は「鳥獣の保護及び管理並びに狩猟の適正化に関する法律（鳥獣保護管理法）」により、原則禁止されています。ただし、自然環境の恵沢を享受できる国民生活（狩猟という文化の継続維持など）や農林水産業の健全な発展（被害対策としての有害鳥獣捕獲）など、必要性があ

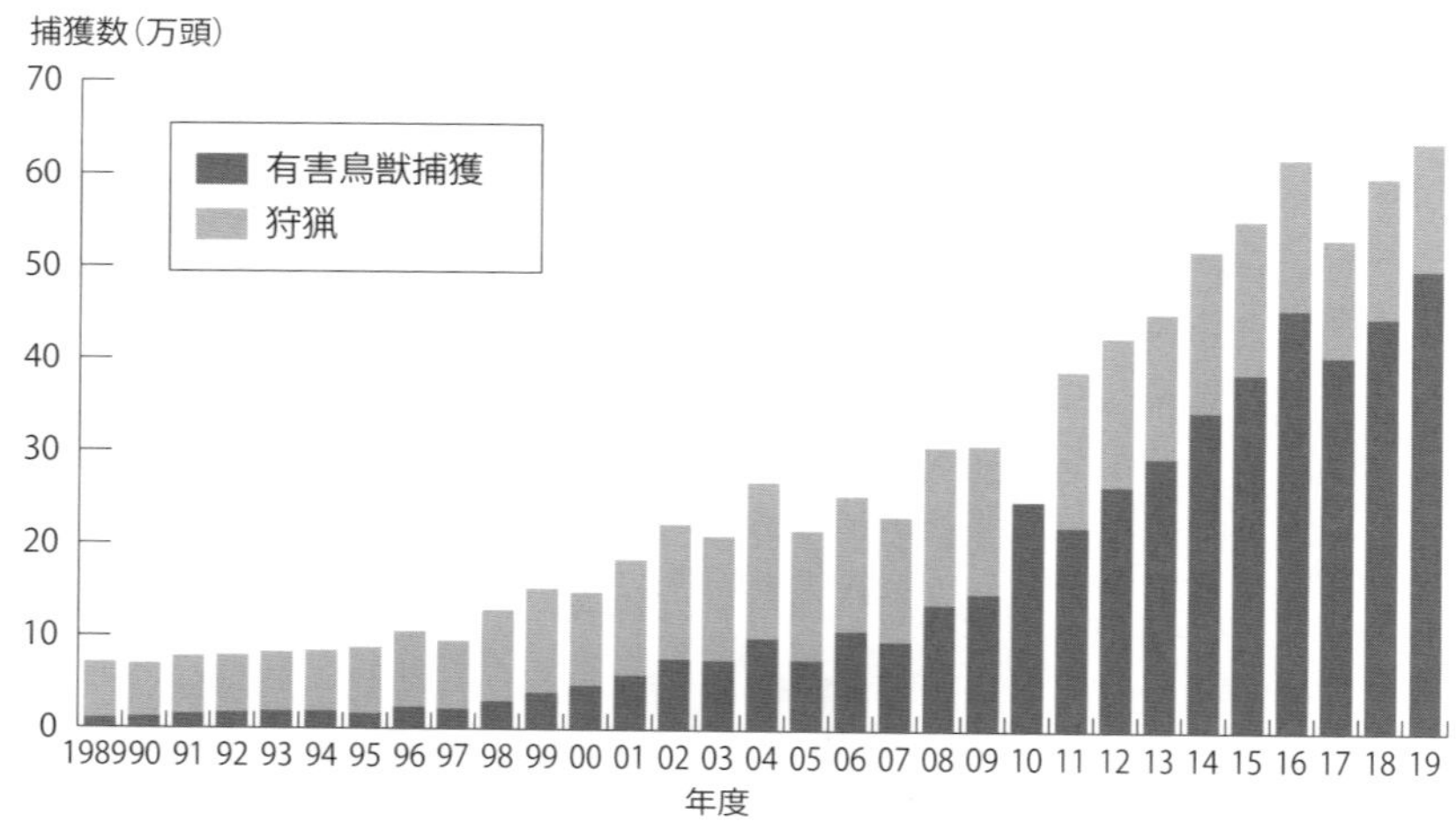

図１－４－１　全国のイノシシ捕獲数の推移（環境省統計データから作成）

る場合には捕獲が可能となります。それが『狩猟』と被害対策のための「有害鳥獣捕獲」や野生動物研究のための「学術捕獲」などの『許可捕獲』です。現在、野生動物による農林業被害や市街地出没など生活被害が全国的な問題となる中で、イノシシやシカの捕獲は西日本を中心に、狩猟から有害鳥獣捕獲に転換しつつあります[1]（図１－４－１）。

同じように人の口に入るジビエであっても、ヨーロッパの国々とは異なり、国内の場合には捕獲根拠が異なるイノシシやシカが入り混じっています。そのため、地域によっては捕獲作業が通年行われることで、脂肪の蓄積が大きく異なる個体が肉となったり、精肉の状態で肉が市場に通年流通したりしています。品質差が大きいものの、意外にもジビエの本場よりも安定供給されているわけですが、異なる目的のもと、多様な手法で捕獲できることが国内のジビエ利用を複雑化している要因の一つとなっています。

❷ 狩猟と有害鳥獣捕獲をなぜ分けるべきか

狩猟の主な目的は自然環境の恵沢の享受で、言い換えれば趣味の捕獲となります。そのため、肉や角の取得、捕獲自体の喜びなどが本来の目的で、結果として野生動物の個体数調整、ひいては農業被害の軽減に寄与することになります。一方、有害鳥獣捕獲はその名のとおり、鳥獣による生活環境、農林水産業または生態系に関わる被害の防止や軽減（こちらは特に予察捕獲と呼ばれる）を図ることが目的の捕獲行為です。また、捕獲行為のすべてが殺処分を伴うわけではなく、捕獲後に飼養や放鳥・放獣する場合もあります。

そして現在、狩猟に関しては、免許試験の実施や狩猟者登録の作業などは都道府県単位で実施されています。一方、有害鳥獣捕獲については、地域の実情に合わせて柔軟に実施できるよう、多くの地域で都道府県知事から市町村長に権限が移譲されています。

ここで注意しなければならないことは、捕獲にはそれぞれ目的があることと、その従事者は本来「捕獲したい者が捕獲する」という前提があったことです。狩猟をしたい人が狩猟者登録をして捕獲し、研究したい人が学術捕獲許可を受けて捕獲をするように、本当は農業被害や生活被害を受けて困っている人が有害鳥獣捕獲許可を受けて捕獲をすれば良かったのでしょう。しかし、多くの場合、狩猟免許の所持や捕獲に関わる技術や器材の有無が制限要因となり、地域の狩猟者に捕獲を依頼する形が主流となりました。そのため、狩猟と有害鳥獣捕獲があまり区別されずに実施されるようになったものと考えられます。したがって、イノシシやシカを捕ってほしい農家などの被害者と動物の捕獲という大変な作業をする従事者との間の考えの違いや、野生動物による被害発生地域である農山村部と野生動物との接点が希薄な都市部の住民との間で野生動物に対する価値観の相違などが生じる場合もあります。

現在、ジビエの消費地は、山間部の旅館や捕獲者周辺の自家消費から、都市部のホテルやレストランなど商業的なものに広がりつつあります。ジビエの消費地である都市部住民や海外からの観光客の中には、開発などで山林が切り開かれた国内で、魚や高品質の牛肉や豚肉があるのにもかかわらず、なぜイノシシやシカを捕って食べるのか理解に苦しむ人がいるかもしれません。しかし、農林業被害や生態系被害の軽減を図るために動物を捕獲し、それら捕獲個体を地域資源に変換する取り組みの意義を理解してもらうことが必要です。また、捕獲する地域では、都市部住民にも安心してジビエを楽しんでもらえるように、高品質の肉を生産するための衛生的な捕獲、殺処分、解体方法の技術を向上させる必要があります。そのためにも、今一度、捕獲の目的を明らかにし、それに適した手法や体制を整え、その余力の中でジビエの推進を目指すべきであり、そうすることで狩猟という文化の重要性やジビエ利用が地域振興に直結した活動になるものと考えられます。

❸ ジビエのあり方を考える

ジビエに関して肉の供給源となるイノシシやシカは山野に生息していることから、飼育の手間がなく、原価がゼロの食品と思われがちです。しかしながら、専用の解体処理施設の整備や残渣の処分経費、肉の保管や輸送コストなどがかかるうえ、捕獲作業と捕獲に至るまでの捕獲場所の選定や誘引作業など、捕獲だけでも多くの作業工程とそれに付随する負担が存在します[2][3](図1−4−2、3)。

では、なぜ狩猟者の方々がそんなに大変な作業を行ってきたのかというと、動物の痕跡を探しに野山を駆け巡る時の自然との触れ合いや、足跡や食べ痕などの痕跡から動物の動きを推測し捕獲するまでの動物との知恵比べの醍醐味、他の作業者との協力や競争、そして、これらの経験を肴に猟

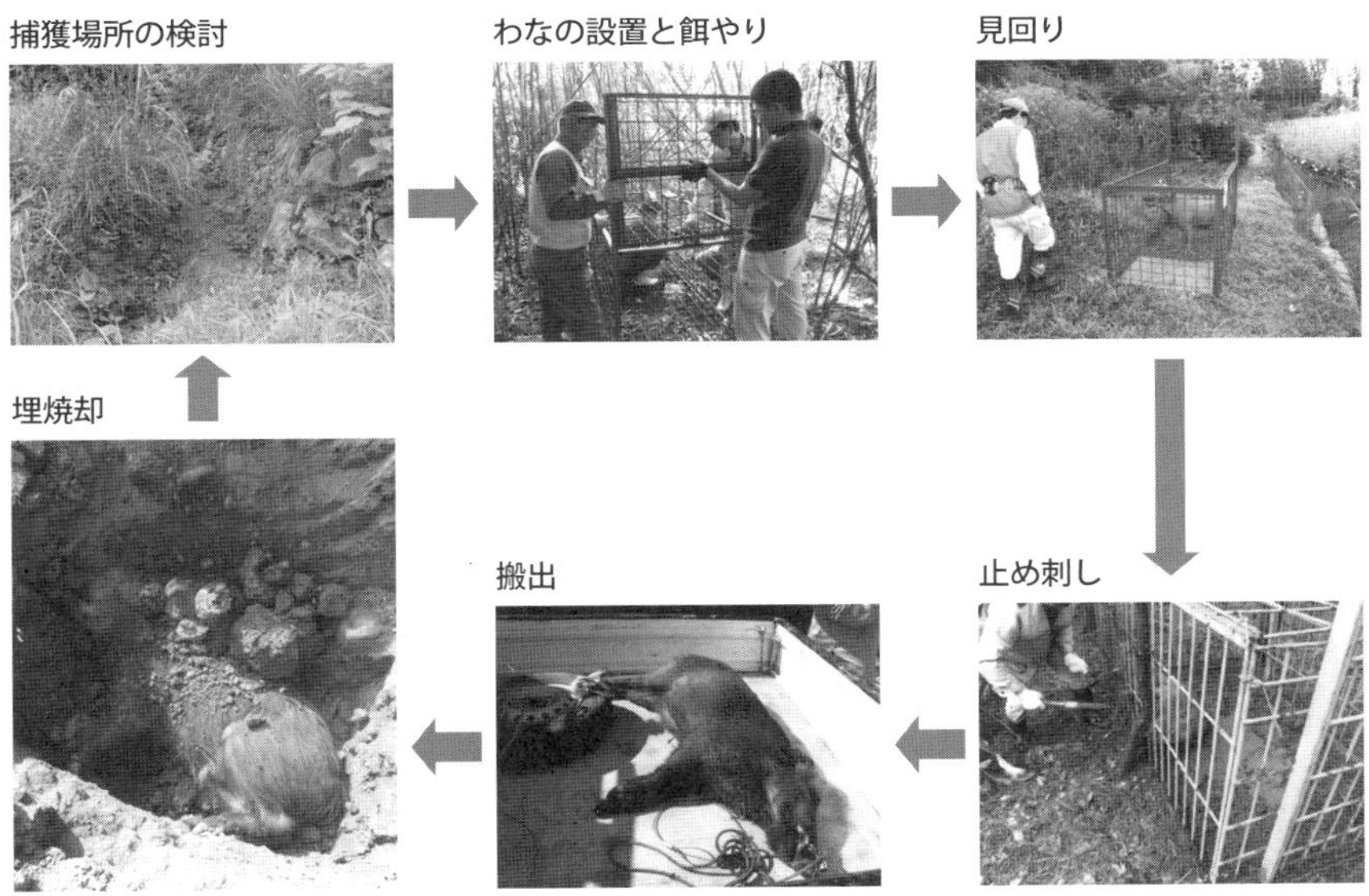

図1－4－2　捕獲にかかわる作業工程（箱わな捕獲の場合）

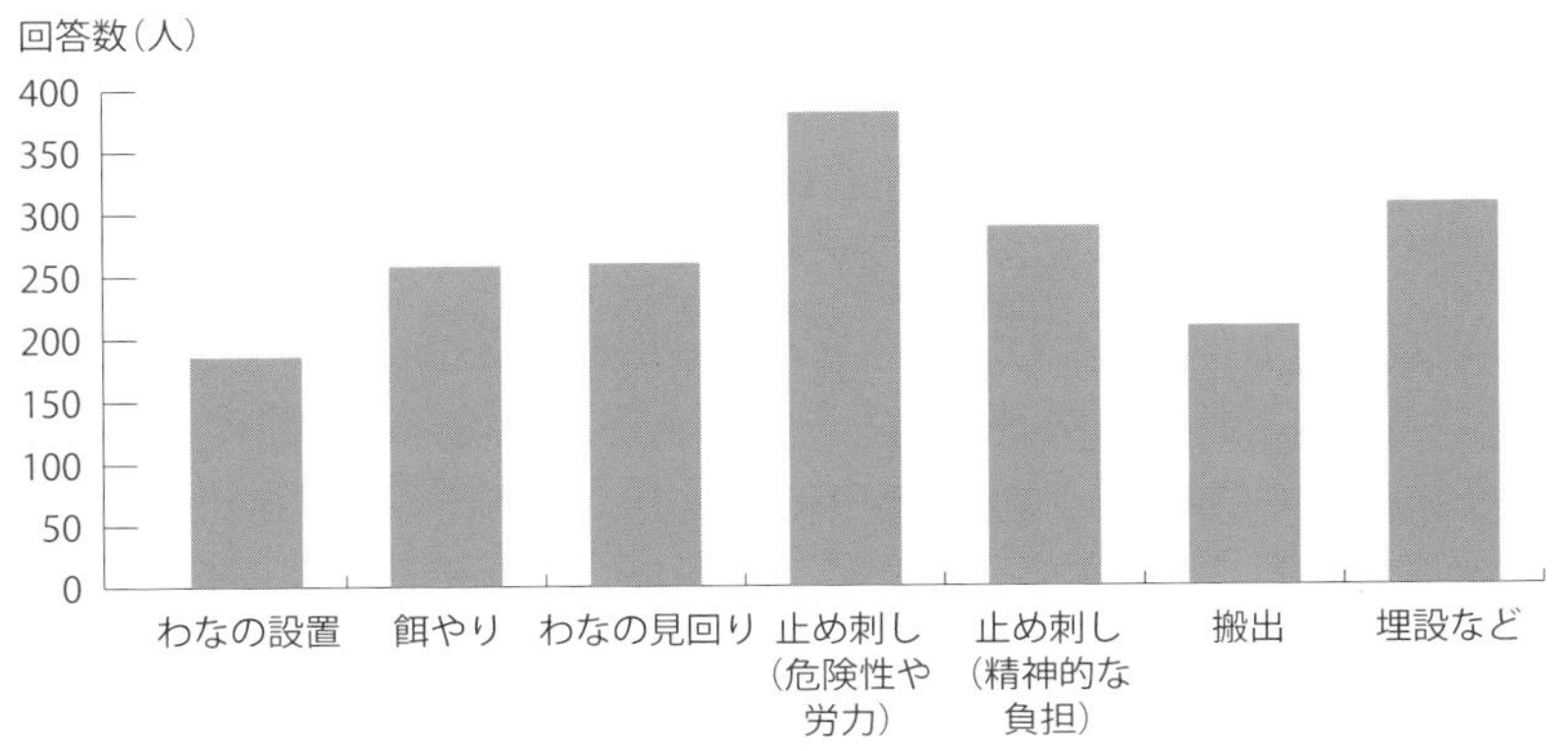

図1－4－3　捕獲にかかわる作業負担（長崎県におけるアンケート調査結果から作成）

友たちと語らう肉の利用があったからではないでしょうか。本来、国内のジビエ利用はこれらの「ストーリーを含めて味わう野趣あふれる資源」だったと考えられます。

夏の暑い時期でも水稲被害などの軽減のため、イノシシやシカの有害鳥獣捕獲が行われています。夏季のイノシシは一般的に脂の乗りが悪いとされていますが、それに合った調理方法も工夫されています。地元で取れたイノシシやシカを身内で食べるのではなく、都市部のレストランやホテル、居酒屋などの飲食店でもジビエを楽しめる時代となり、捕獲から解体までのストーリーを楽しむものではなくなりつつあります。その代わり、ボタン鍋やモミジ鍋のような味噌とショウガで臭い消しをする調理方法以外の様々なジビエ料理が容易に楽しめるようになってきました。自身で得た経験をもとにジビエを楽しむことはできなくても、どこでどうやって捕まえたイノシシやシカか、その動物や人が暮らす地域のことを少し考えながら、ジビエを楽しんでいただければと思います。このジビエ利用が一過性のものに終わらず、農村や鳥獣害対策に関心を持つ人、それらの新たな担い手や関係人口の増加につながることを切に願っています。

なお、捕獲から解体までの処理方法の違いがどのように肉質に影響を与えるのか、より高品質なジビエを生産するためにはどのような処理方法が理想的なのかという研究を、国立研究開発法人農業・食品産業技術総合研究機構　生研支援センター「生産性革命に向けた革新的技術開発事業」のうち、「スマート捕獲・スマートジビエ技術の確立」により実施しています。この研究の成果については、今後、マニュアルや講演会などを通じて紹介していきたいと考えています。

❹ 食肉利用以外の多様な捕獲個体の利用

捕獲したイノシシやニホンジカの有効活用と聞いて、皆さんが最初に思い浮かべるのは、おそらくジビエなどの食肉利用ではないでしょうか？　しかしながら、捕獲個体を搬出できない場合が多く、搬出したとしても、地域に解体処理施設がない、捕獲が集中して施設の処理能力を超えてしまうといった問題や、捕獲時の過度なストレスや急激な体温上昇等が原因で食肉に適さない状態になった個体などもあり、捕獲個体のすべてが食肉に利用できるわけではありません。一般的な「ジビエ肉」としてレストランや土産物店でも入手でき、楽しめる状態となったものは、イノシシやシカ専用の解体処理施設で処理されています。このような商業的に食肉利用される個体数は捕獲数全体の五～一〇％程度と言われています。[(1)(2)]

また、飼育方法や解体処理方法が確立されている家畜と異なり、野生動物は捕獲個体の大きさ、年齢、性別、栄養状態などにバラつきがあり、そのうえ、捕獲手法や止め刺し手法、解体処理手順にも地域差があるため、一般的な歩留り（食肉利用できる部位の割合）は、イノシシで三〇％程度、ニホンジカで二〇％程度と、家畜の半分以下しかありません。そのため、自家消費も含めた食肉利用率は、個体数ベースで一〇～二〇％あったとしても、重量ベースでは五％程度にとどまります。特に、商業的な食肉利用の場合は、食肉処理残渣の処分経費が経営に与える影響が大きく、その軽減のために歩留りを上げる、皮や骨、内臓をレザークラフトやペットフードなどの加工品として利用するなど、各施設で様々な取り組みが行われています。近年、ペットショップやホームセンターなどでも、シカを原料としたペットフードが普通に見られるようになってきましたが、産業として成立させるためには、まとまった量の捕獲個体を鮮度の良い状態で安定的に確保し、法令で定められた安全な製品を生産できる施設や体制が必要となります。また、捕獲個体の有効利用を進めるためには、製品や原料の保管や輸送コストの軽減にも留意しなければなりません。

そこで長崎県を中心に、独立行政法人環境再生保全機構の「環境研究総合推進費」を活用して、捕獲したイノシシやニホンジカを一時ストックヤードで保管集積し、それらを化製処理（破砕・加熱処理して油脂と肉骨粉に分離生成する処理方法）により重量や体積を減容し、飼料や肥料原料として再資源化する研究を行いました(3)。この研究により、従来は捕獲のたびに捕獲者が個々で焼却場に運搬し、ゴミとして処分していたイノシシ等に個別対応するのではなく、捕獲の多い場所やアクセスの良い場所にいったんストックしてから回収することで、運搬の負担を軽減するとともに捕獲個体を安定的に収集することが可能になりました。さらに、一時保管する場所を食肉処理施設に併設することで、施設への捕獲個体の搬入率を上げ、かつ、食肉処理残渣の処分負担を軽減することができるようになります。

また、従来は冷凍冷蔵が必要だった捕獲個体ですが、肉骨粉の状態にすると重量や体積を二割程度まで大幅に減容でき、加えて、常温で保存（ただし、抗酸化剤の添加が望ましい）できるようになります。この肉骨粉は、鉛弾の除去などを適正に行うことで、トラフグやブリなどの養殖魚の飼料や水稲、小松菜などの野菜の肥料の原料として、安全で、かつ肥育効果があることが確認できました。このように従来、ゴミとして処分に経費や労力が必要だった食肉利用できない個体や食肉利用残渣が、既存の施設や技術を使うことで再び資源として利用できるようになります。実証研究の中で、ストックヤード設置による回収率の変化、化製処理による減容率、生成された肉骨粉の成分分析、飼料や肥料として使った場合の効果と安全性を確認しており、今後はこのような技術の現地導入が進むことで、地域の食肉利用をさらに活性化することが期待されます。

近年、捕獲従事者の増加や情報通信技術（ＩＣＴ）捕獲機材の導入など、捕獲強化が図られており、それら捕獲個体を有効利用する必要性がさらに高まるものと考えられます。食肉利用の推進は、害獣として捕獲されたイノシシやニホンジカを地域資源に転換するすばらしい取り組みであるものの、食肉利用できない個体や部位の処理負担の増加など、新たな問題の発生につながる危険性があります。また、せっかく作った食肉処理施設の運営がうまくいかず、労力や水光熱費の確保が地域の被害対策を逆に圧迫してしまうこともあるかもしれません。そのためにも、商業的な食肉利用一辺倒ではなく、自家消費やペットフード、飼料・肥料の原料など、既存の施設や機材、地域が得意とする技術を取り込んだ、それぞれの場所の実情に合わせた多様な有効利用を無理のない範囲で検討すべきです。

（平田滋樹）

5 ジビエを狩る

❶ 捕獲に必要な資格

野生動物の捕獲を行うには、目的に応じて免許や登録・許可が必要となります。一般的な狩猟を目的とする場合は、環境省管轄の狩猟免許を取得し、都道府県への登録が必要です。狩猟免許には、表1−5−1のような種類があります。また、野生鳥獣による農業や林業などの被害解決を目的とした有害鳥獣捕獲があります。これは狩猟と異なり、許可制になっています。許可の内容により、捕獲方法や期間・場所などが異なります。平成二七年（二〇一五年）度に施行された「鳥獣の保護及び管理並びに狩猟の適正化に関する法律」（鳥獣保護管理法）により、認定鳥獣捕獲事業が新たに加わりました。これは環境省の事業で、都道府県知事より認定を受ける必要があります。その他に学術研究を目的とした捕獲などがあります。捕獲といっても様々な目的があり、このように適正な資格や許可などが必要となります。

捕獲の技術や知識も資格などと同様に目的に応じて、時には高度な技術、特殊な技術が求められる場合があります。

❷ 捕獲方法

食用を目的とする捕獲方法として、猟銃や猟犬を用いた銃猟、箱わな、囲いわな、網わな、くくりわななどを使ったわな猟があります。

● 銃猟

銃猟は主にチーム制で獲物を猟犬で誘導し、射手が安全の確保された場所で発砲する「まき狩り」と、捕獲者が一人で獲物の行動を読み、先回りして射止める「忍び猟」が主な手法となります。まき狩りの場合、捕獲者と猟犬が一つのチームとなり、猟犬は役割を振り分けられ、他の猟犬を誘導する猟犬、獲物を射手の場所へ誘導し、行動範囲を小さくする役割の猟犬などがいます。捕獲がうまくいくかどうかは、これらの猟犬の才能が重要となり、出猟前の十分な訓練や猟犬の才能を見極める期間が必要となります。忍び猟は、その名のとおり獲物の来る場所へ隠れ、弾が当たる所まで来るのをひたすら待つ技法です。そのため、獲物の行動を読みつつ、向かってくる獲物から見て射手が見えない場所、さらには発砲しても安全な場所を選びます。場所が決まったら、日の出から日没までの時間で獲物の出没時間を予想します。射手が予想した時間より数時間前に現場へ向かい、とにかく静かに獲物がやって来るのを待機します。

表1－5－1　狩猟免許の種類と内容

網猟免許	網（むそう網、はり網、つき網、なげ網）
わな猟免許	わな（くくりわな、はこわな、はこおとし、囲いわな） ※囲いわなは農業者または林業者が事業に対する被害を防止する目的で設置するものを除く
第一種銃猟免許	装薬銃
第二種銃猟免許	空気銃 ※コルクを発射するものを除く

捕獲者により異なりますが、どちらの猟も主に頭部を狙います。獲物は弾が命中後も数ｍあるいは数百ｍ先まで走ることもあります。弾が頭部に当たった場合は、モモや内臓など他の場所に弾が命中した場合と比べると逃走距離が短くなるため、獲物を回収しやすくなります。また、食用とする時に歩留りが良いという点も理由の一つです。銃猟の場合は、獲物を確認したうえで発砲するので、わなとは異なり、目的の獣を捕獲できることが特徴です。食用としたい個体を特定した捕獲が可能なのです。その反面、弾がモモやバラの部位に当たることも少なくなく、食べたい部位をダメにしてしまい、歩留りが悪い場合も数多くあります。

●わな猟

わなは大きく分けると、「箱わな・囲いわな」のような檻タイプと、ワイヤーとバネを用いて捕獲する「くくりわな」に分けられます（図1－5－1）。箱わな・囲いわなは獲物がいる場所に設置し、餌をまき、獲物が中に入ると入口が閉まって捕獲するという仕組みです。捕獲機は動物にも見えるので、すぐにわなの存在を認識され捕獲が難しくなり、幼獣は捕獲できるのものの、成獣の捕獲は難しいという欠点があります。日本のイノシシやシカの食文化の場合、成獣の雌が好まれ、幼獣は魅力がないと言う人もいます。くりわなには様々な種類があります。動物にも見えるくくりわながありますが、設置場所が獣に分からないように完全にカモフラージュされた捕獲機を選びます。そうすることで、賢い成獣に気づかれず、捕獲を成功させることが可能となります。しかし、多くのくくりわなはくくられた足に必要以上の負荷が掛かります。捕獲された足の上部まで内出血が起こり、肩肉やモモ肉の一部に影響が出て、歩留りが悪くなることがこれまで多く見られました。

図1－5－1　わなの種類
左から、箱わな（上）と捕獲されたシカ、囲いわな（上）と捕獲されたシカ、ダメージ減少のくくりわな（上）と捕獲されたイノシシ。

そのため、足くくりわなによっては、くくられた部位の加重を最小限に抑え、発信器を活用する、見回りをまめにするなど、捕獲後のダメージを軽くする技術も開発されています。また、捕獲機の管理を強化することで捕捉時間を最短にし、ダメージを抑えることが可能となります。

❸ 美味しいシーズン

イノシシの場合、皮や肉が柔らかいとして、雌の成獣が多くの人に好まれます。さらには冬季の脂肪の厚さが二～三cm以上の物が好まれており、狩猟者は気温が下がるのを待ち、イノシシが何を食べているかを同時に観察して、捕獲の時期を見極めていきます。例えば、生息地域で何を食べているのかを確認しておきます。ドングリや栗なのか、ミカンといった果物なのかなどを確認しながら、美味しくなる時期まで待ち続けます。シーズンを迎えると捕獲を開始しますが、捕獲ごとに肉質を確認していきます。

イノシシは春が近づくと繁殖期を迎えます。繁殖期の雄は特有の臭いを出すようになります。その時期に入ると、

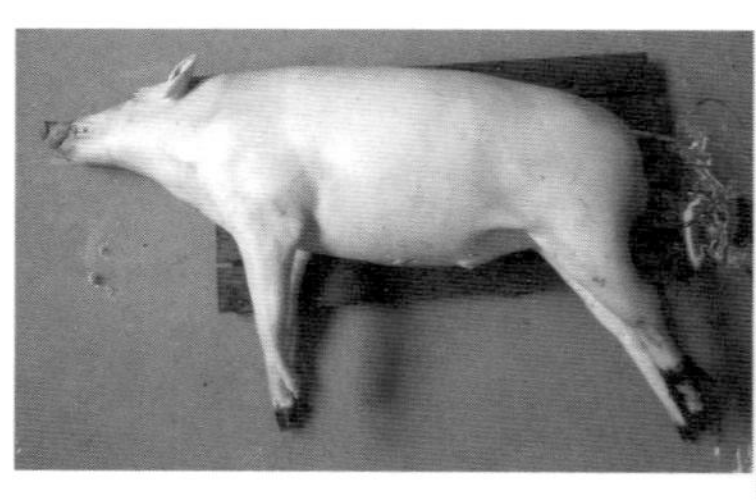
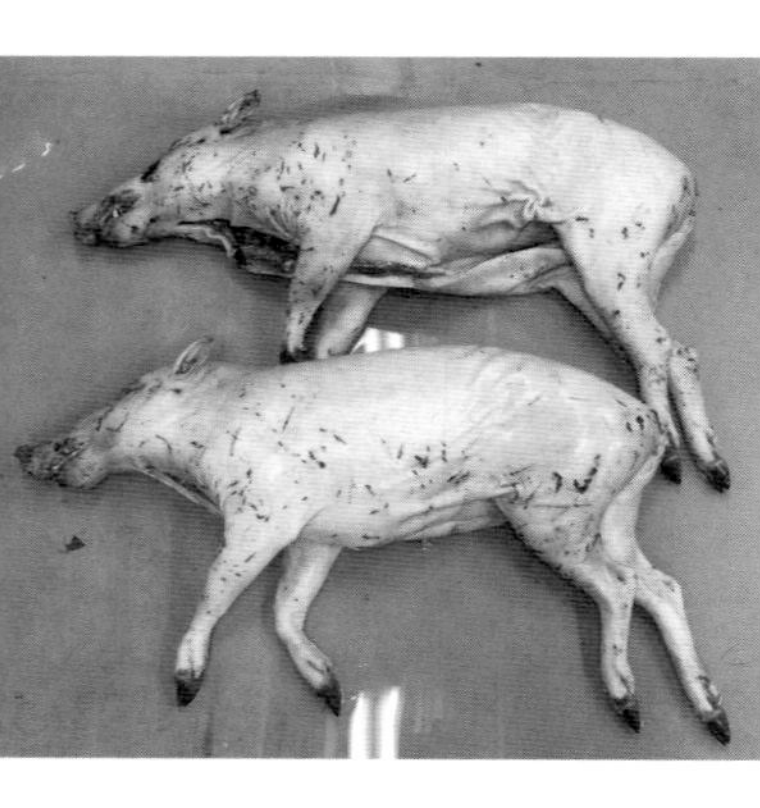

図１－５－２　捕獲時のダメージの例
左：捕獲のダメージを軽減したイノシシ。目立った傷はない。
右：湯ムキ処理中のイノシシ。箱罠捕獲時についた傷が見られる。

雄のイノシシの肉は臭いと言われると同時にシーズンの終わりを意味します。主な原因は生殖器にあると言われて、適切な解体処理を行うことで悪影響を最小限に改善することが分かってきました。

雄は他の雄と争い、体に通称「ケンカ傷」を負います。ほとんどのケンカ傷はなんらかの感染があると思われます。ケンカ傷のあるイノシシの解体時にトリミングを誤ると、冷蔵・冷凍保管中に保管前にはなかった鼻を突くような異臭が肉から発生することがあります。そのため、ケンカ傷のある場合には、解体時のトリミングに細心の注意が必要です。

雌のイノシシの場合、出産後の授乳期間は肉質が悪化するため、食用としてはシーズン外になります。通常は春から夏にかけて出産期を迎えるため、冬季のシーズンに影響せず、問題はありません。しかし、近年では一年を通して出産・授乳期間にある雌のイノシシを見かけるようになり、冬季のシーズンでも良質な肉の確保が難しくなっています。

❹ 狩猟と有害鳥獣捕獲の違い

● 狩猟

狩猟者の大きな目的に、捕獲が成功した時に味わう達成感がありますが、捕獲したイノシシやシカを仲間や家族・友人と分けあい、そして狩猟談義を行うことも楽しみにしています。また、狩猟者は捕獲から解体、そして食べるまでのすべてを行います。つまり、自分が捕獲した獲物の肉質を随時想像しながら捕獲するわけです。時には他の狩猟者の肉との比較、捕獲ごとの肉の比較をしながら、より美味しい捕獲を極めていきます。つまり、美味しくなければ捕獲はしません。そのため、この二〇年以上にわたり捕獲されていた獲物の多くが成獣であり、幼獣が捕獲された場合は放獣し、成獣になってから捕獲するという考えで狩猟が行われていました。捕獲された獲物は解体するわけですから、ダメージがあった場合（図１－５－２）は解決策を検討します。例えば、銃猟において猟犬が獲物を噛んでしまって歩留り（ぶどま）が悪くなる場合には、獲物を噛まないように猟犬をさらに訓練して徹底的に指導します。

● 有害鳥獣捕獲

有害鳥獣捕獲（以下、有害捕獲）は、農作物や林業などへの被害の減少を目的とした野生鳥獣の捕獲です。そのため捕獲者は、捕獲して止め刺しが完了すると、個体の多くを廃棄します。また多くの場合、従事者の人数、さらに時間的にも余裕がないため、捕獲以外のことはしません。その時間は捕獲に優先的に割かれます。肉質の維持の一つとして、止め刺し方法や血抜きが大きく関係します。しかし有害捕獲では、食用を目的としていないことが多いため、安全で行いやすい方法で止め刺し作業が行われます。刃物は頑丈なものを用いて、止め刺し部位は脇腹周辺で行われることもあります。そうなると、入刃箇所の肉質は大きなダメージを受け、内部は大きくトリミングする必要があり、歩留り（ぶどま）が悪くなります。また、これまでは食用としないことが多かったため、血抜きを行っていませんでした。しかし利活用の観点から、有害捕獲された獣の資源化が進められ、それに

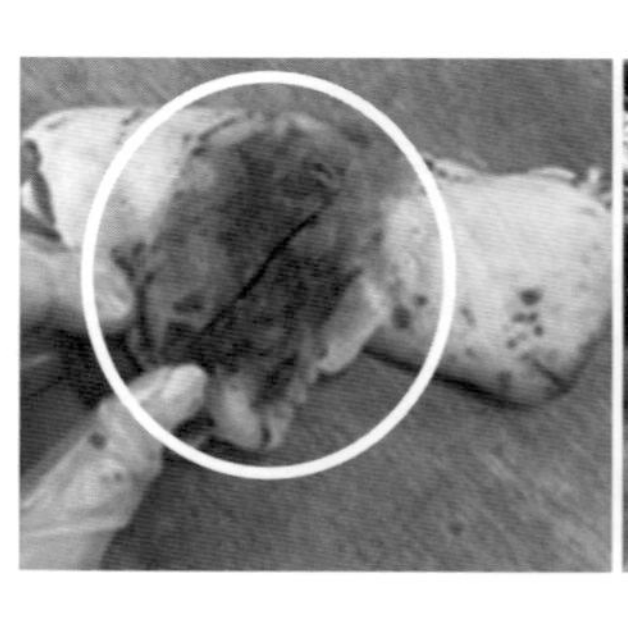
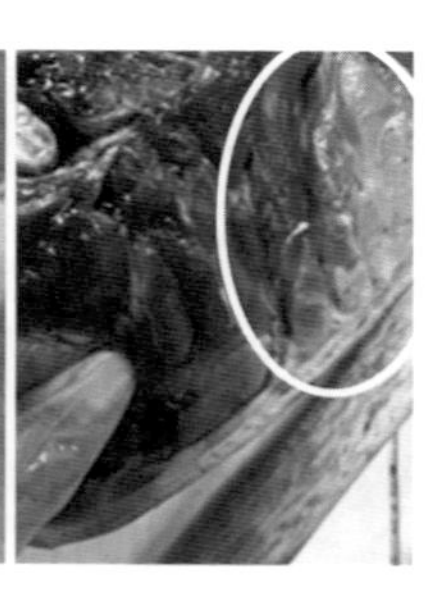
図1－5－3　ダメージの例
左：打撲痕によるダメージ（イノシシ、前スネ）。
右：体温上昇によるダメージ（イノシシ、モモ）。

伴って血抜き作業が加わりました。ところが、頚部動脈を切断する方法が多かったことから、理想的な出血量に比べて半分程度の出血量にとどまっていました。聞き取りしたところ、その方法では流血が多く見られることから、しっかりと出血していると思われていることが分かりました。

現在、有害捕獲で捕獲された獲物を利活用する場合、捕獲者と解体・販売そして食する人が異なります。そのため、解体処理施設によっては多くの在庫を抱えてしまい、肉の回転が悪い場合があります。良質肉はすぐに買い取りされますが、そうでない肉質のものが在庫として残ってしまいます。原因は、血抜きの不良、打撲痕、ふけ肉（肉色が淡く、組織が軟弱で、水っぽい状態）など捕獲後のダメージやオフシーズンによる肉質の問題でした（図1－5－3）。

もちろん、肉を持ち込んだ捕獲者に改善を求めますが、理由は分からないことがほとんどです。また、改善を求めても、その後の確認ができないこともあります。受け入れ側の解体処理施設としては、捕獲者の協力が不可欠であり、要求が大きすぎると、捕獲者との関係が悪化して肉が入らないといった状況が起こりかねません。そのため、肉質の解決をあきらめるというケースもなかにはあるようです。解決にはまず捕獲獣の提供者と解体処理施設の関係者が十分に自家消費を行い、捕獲された状態と肉の味をしっかりと理解しなければなりません。販売関係者も肉質（見た目と味）を的確に理解しなければ、消費者へ提供する姿勢として十分とは言えません。

定められた飼育方法により肉質を安定させられる家畜と比べ、ジビエは生活環境や捕獲方法、解体処理によってうま味が異なります。捕獲されたイノシシやシカと家畜との大きな違いはそこにあります。ジビエは個体ごとにそれぞれストーリーがあり、餌や性別・体重・季節など、異なる要素が数多く絡み合います。自身で食べることでその違いを学習し、販売時に肉のレベルや質ごとに管理し、消費者に様々な情報を提供し、調理法を提案するなどの取り組みにより、ジビエに対する満足度が変わってくるのです。

❺ 美味しいジビエの捕獲とは

天然の魚は、育った環境で美味しさに変化がみられます。ジビエも同様に育った環境で美味しさが変化するので、その見極めが必要になります。また、せっかくシーズンを迎え捕獲したとしても、大きなダメージがあったり、運搬時の温度管理が不適切だったり、運搬時間が超過すれば、肉質は低下してしまいます。

捕獲時のダメージは、捕獲者の危険度にも影響を及ぼします。捕獲のダメージが大きくなると興奮の度合いも激しくなり、止め刺し作業の時に反撃を受けて、捕獲者がケガをするおそれもあります。また、捕獲機も動物へのダメージの強さと比例して、強度が弱り、捕獲者の危険度に関係します。捕獲時のダメージについては、捕獲者の安全と肉質の維持の双方に関係することから、留意が必要です。

（和田晴美）

6 野生鳥獣肉に関する食肉処理施設の状況と背景

全国に大小七〇〇カ所以上あるとされるジビエ関連食肉処理施設の中で、黒字経営の施設はごくわずかという現状があります。捕獲鳥獣の食肉利用を推進し、資源として活用していくためには、全国の処理施設の健全な経営を実現していく必要があります。

厚生労働省では毎年、野生鳥獣肉の衛生管理等に関する実態調査を行い、そのデータの蓄積をしていますが、最新版の結果（二〇一八年度）について触れてみます。また、日本ジビエ振興協会では健全な経営を阻害している要因は何かを探るため、二〇一七年度に処理施設に対するアンケートを主とした調査を実施し、そのデータを分析・考察しましたのでその一部を紹介します。

❶ 処理施設の規模と内容

野生鳥獣肉の処理を行う食肉処理加工施設の状況ですが、国が把握している施設の総数は七〇六カ所で、シカおよびイノシシを専門に取り扱う処理施設は全体の半分近くを占めています。経営形態は公設公営が二一、公設民営が七二、民設民営が六一三施設でした。また、施設に搬入される状態は、内臓が摘出されていないものを受け入れている施設が全体の半分以上の三六二施設です。各施設は小規模で、八割は一〜二名で処理を行っています。また、年間の処理頭数五〇頭以下が圧倒的に多く、一〇〇〇頭以上の施設はシカで一一施設しかありませんでした。

❷ 処理施設の構造・面積および設備

日本ジビエ振興協会の調査結果によると、施設の建築構造は木造が五三％、鉄骨造が三六％であり、延べ床面積は五〇〜一五〇㎡が全体の七一％を占め、個人経営の施設は木造が五〇％で、延べ床面積は二五〜五〇㎡と小規模な作りとなっていました。床面積は個人、法人、公設の順に大きくなる傾向が認められました。なお、施設建設時の補助金制度の活用率は約五〇％にとどまっていました。各施設が導入している設備・機器でその割合が高いものは、給湯器一〇〇％、真空包装機八八％、高圧洗浄機および業務用冷凍庫七六％、吊り下げ式秤、プレハブ冷蔵庫および金属検出器七〇％でした。また、処理頭数が一〇〇〇頭以上の施設では、金属検出器が一〇〇％、急速凍結機が五〇％、次亜塩素酸ナトリウム電解水製造装置が七五％導入されていました。この理由としては、一〇〇〇頭規模の処理施設になると販売先も多様化し、より高い安全性と衛生レベルを求められるためとされました。

❸ シカおよびイノシシの販売価格・商品としての形態と販売方法

キログラムあたりの販売価格を（表1－6－1）に示します。シカの高価格部位はロースで六五〇〇〜一二〇〇〇円（平均三九一〇円）でした。一方でイノシシでは　ロースや肩ロースが高価格部

表１－６－１　シカおよびイノシシの部位別の販売価格（円／kg）

部位名	シカ	イノシシ
ロース	6,500～2,000 (3,910)	10,000～2,777 (5,314)
肩ロース	5,000～2,000 (3,105)	10,000～2,777 (5,183)
バラ	4,000～1,600 (2,642)	10.000～2,500 (4,602)
ウデ	3,000～695 (1,707)	6,000～695 (3,083)
スネ	3,000～1,000 (1,841)	5,000～695 (2,563)
内モモ	6,000～1,600 (2,935)	8,000～2,000 (4,084)
外モモ	6,000～1,600 (2,899)	8,000～2,000 (4,034)
シンタマ	4,000～2,000 (2,776)	8,000～2,315 (4,674)
シンシン	4,000～2,000 (2,749)	7,000～2,315 (4,177)
ネック	3,000～695 (1,811)	6,500～695 (3,244)
ヒキ肉	2,500～695 (1,690)	4,000～695 (2,188)
骨	600～300 (400)	550～300 (390)
原皮	1,000～57 (464)	2,000～2,000 (2,000)
角（１本）	5,400～700 (2,016)	------------

表示：最高値～最安値（平均価格）

位で一万～二七七七円（平均で五二〇〇円）でした。

ジビエの処理施設における課題として、売れる部位、売れない部位の偏りがあり、ロースやヒレといった部位は売れますが、その他の部位は売りづらい傾向にあります。モモ肉は分割せずにあえてまとめて購入してもらう方法をとっている施設もありましたが、購入する飲食店側も肉質の異なる部位を割安で仕入れられるメリットがあるようです。

こだわりのある飲食店等は骨付き半身買いの需要も多く、多彩な部位を割安で仕入れることができ、販売する処理施設も分割等の手間も省け、双方のメリットとなりました。また、イノシシの割合の多い施設ではスライスでの販売構成比が三〇～六〇％と高い傾向にありました。

❹ 経営の背景と取り組むべき問題点

公営施設を除き、どのような運営形態をとっているにせよ、施設の経営者はジビエ以外の事業と兼業し、副業としてジビエ事業を展開している場合が多くみられます。一例ではありますが、不動産関係、土建・建設業関係、施設管理・清掃業関係などの主業があり、プラスアルファ的、副次的にジビエ関連事業に参入している話をよく聞きます。

特に個人事業者の場合には兼業志向が顕著であり、従業者数一～二名によって家族的経営を行い、処理頭数が二〇〇頭以下の小規模な施設が多い傾向でした。小規模な施設では、建物等の初期投資にできるだけコストをかけず、事業をコンパクトな規模に抑えています。兼業事業の状況を考え、現在の規模で運営できる頭数だけを受け入れることにより、言わば細く長い経営を行う姿勢がみられます。一方で、比較的大規模な民営施設の場合でも、常用雇用者をできる限り少なくして、臨時雇用者（パート、アルバイト）を活用し、人件費支出を抑制しながら事業を行っているのが現状です。施設建物についても既存の遊休施設を活用し、コスト削減を図っている場合が多く、本業の閑散期にジビエ事業を行い、事業者として全体の業容多様化を図っているケースもありました。

ジビエの販売価格に影響する主なものとして、①仕入れ費用、②施設・設備費、③人件費、④衛生関係費が挙げられます。表面に出ずに見落としがちなのは、廃棄率です。つまり、搬入個体の歩留率はシカが四〇～一四％（平均二八％）、イノシシが六〇～二〇％（平均三一％）となっていて、これ以外の部分は残渣として廃棄されることとなります。この残渣の処理費用の割合が大きく経営を逼迫させる一因となり、販売価格にも影響することとなります。歩留率を上げる方法として、トリミング技術の向上はもちろんですが、あまり人気のないウデなどの硬い部分の利用方法の検討などが挙げられます。なお、残渣は山野に埋設するなどの処理では野生動物の餌となり、病原菌などの二次的な拡散にもつながってしまうので、廃棄物として確実に処理すべきです。

（押田敏雄）

column

ジビエのペットフード利用

農林水産省がペットフード製造業者に対し、平成二九年（二〇一七年）八月に実施したアンケート（有効回答数三九四社）によると、ジビエを原材料としたペットフード（ジビエペットフード）を利用したことのある業者は一二%、条件が合えば利用したいと回答した業者は二二%となっており、ジビエペットフードを利用したいと考えている業者が一定数存在していることが分かります。

すでに流通しているジビエペットフードの特徴として、栄養価や希少価値が高いことを商品のＰＲポイントとする一方で、高価格帯の商品として販売されていることが挙げられます。これは、ジビエペットフードの購買層は、品質や安全性を重要視する傾向があるためで、「加工施設の衛生管理」や「ジビエの品質基準」、「原材料の産地」といった項目は、商品選択の重要な検討項目となります。

ペットフードには獣肉を処理する施設に関する明確な衛生基準や指針はありませんが、高価格帯であるジビエペットフードを販売し、購入してもらうためには、食用ジビエ同様の「衛生管理基準」や「ジビエの品質」が求められることが想定されます。

長野県小諸市では、野生鳥獣保護管理事業の一環として、駆除・捕獲したシカを解体・加工・販売する「野生鳥獣商品化事業」を自治体の取り組みとして行っており、拠点施設となる加工施設「小諸市野生鳥獣商品化施設」の設計・整備を保健所と共同して行いました。

こうして完成した施設は、食用としての販売も可能な「食肉処理業」、「食肉販売業」の認定を受けた衛生レベルの高い施設となっています（図１）。また、「放射性物質検出機」による全頭（令和元年〈二〇一九年〉度の解体頭数は一五一九頭）検査の実施や「金属検出機」による全商品の異物混入検査の実施により、商品の安全性を担保し、購買層へのＰＲポイン

図2　小諸市野生鳥獣商品化施設の検査室
（写真左：金属検出機、右：放射性物質検出機）

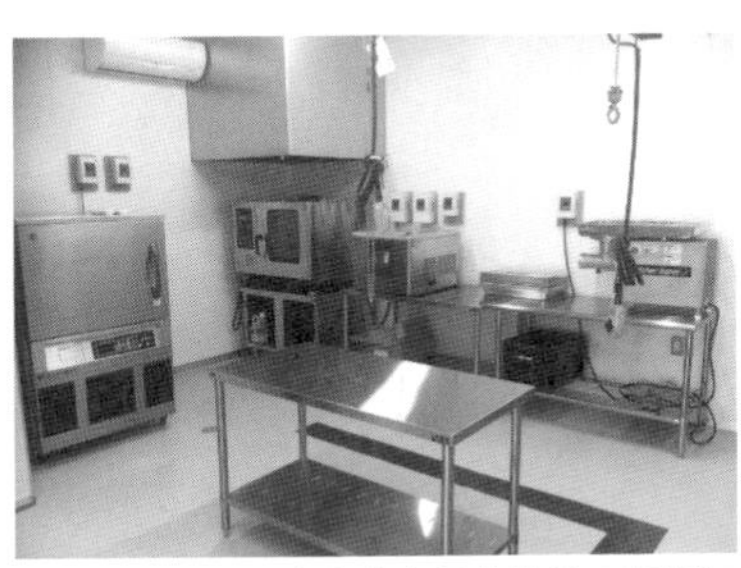

図1　小諸市野生鳥獣商品化施設の処理加工室

図3　小諸市産のペットフード「Komoro Premium Pet Food」（3ページ、口絵4）

トとしています（図2）。

本事業の商品として製造された小諸市産ペットフード「Komoro Premium Pet Food」（図3）は、麻布大学獣医学部において、実際に愛玩動物に給与し、アレルギー検査や嗜好性の臨床試験が行われ、科学的な知見に基づいた商品として動物病院やペットショップなどで販売されるとともに、ふるさと納税制度の返礼品として活用され、一年間で六二七万円を超える寄付（令和元年度）が寄せられています。

（竹下　毅）

column

ジビエの装飾、服飾への利用

捕獲したシカやイノシシの活用では、ジビエとして食べることが注目されています。では、肉以外の部位の活用はどうなっているのでしょうか。

シカやイノシシを捕獲して解体すると、肉以外にも皮や骨など様々な部位が手に入ります。体重あたりのジビエ肉として食べることのできる割合（歩留（ぶどま））は、シカで三割程度、イノシシで四割程度と言われており、残りの六〜七割は内臓、骨や皮などが占めています。シカやイノシシの捕獲と活用の両方をしっかりと進めていくためには、肉以外の部位の活用も大きな課題となっています。

内臓や骨などは、ドッグフードなどでの活用が一部進んでいますが、比較的利用価値が高いと言われる野生皮はどうでしょうか。解体して剥いだ「皮」は鞣（なめ）すことにより「革」という素材に変わります。皮と革はどちらも「かわ」と読みますが、その性質が異なっています。皮は毛や皮下脂肪を取り除くことで、太鼓（図1）などに利用することができますし、皮から膠（にかわ）を抽出し、接着剤などとして利用することもできます。

そして、皮に、植物由来成分の「タンニン」や、塩基性硫酸「クロム」などを原料とする「なめし剤」によって「なめし加工」を行うことで皮の腐敗を防ぎ、安定した状態の「革」となります。こうして身近に使える鞄や靴や小物など、多様な革製品として利用できるようになるのです。

シカ革の繊維は、細く絡み合った粗い繊維構造をしていて、非常に柔軟で手ざわりの良いことが特徴です。イノシシ革は、硬い毛が三本ずつまとまって皮膚を貫通しているため、凹凸が多い銀面模様を示します。シカ革とイノシシ革のどちらも日本で多く流通している革とは異なった風合いを得られ、特徴を活かした用途に利用することができます。

シカ革は柔らかくしなやかな特徴を活かして、ア

図２　駆除動物の皮を活用したハンドメイドブランドHISAGOTEIの革製品
（３ページ、口絵５）

図１　シカの皮を張った太鼓

図３　MATAGIプロジェクトで鞣された革
MATAGIプロジェクトでは、獣皮の加工の際に排出される「獣脂」を資源化する研究も重ねている。

クセサリー、カードケースなどの小物類から、肌触りの良さから赤ちゃんが初めて履くファーストシューズ、ジャケットなど衣類などにも活かされてきています（図２）。イノシシ革は耐久性があり型崩れしにくい特徴を活かして、バッグや財布などに利用されています。

全国的に野生皮を活用する動きの一つに「ＭＡＴＡＧＩプロジェクト」があります。これまで、捕獲された野生皮を各地で鞣す技術が確立できておらず、なかなか活かすことができませんでした。そのようななか、このプロジェクトでは、各地の活用しきれなかった野生皮を鞣し、革として産地に戻すという活動を二〇〇九年から始めています。二〇一八年には全国三〇〇カ所に産地が増え、野生皮革の活用が広がっています（図３）。

図５　富士山環境展のワークショップ（筆者が講師）の様子
鞣された革を使って、ワークショップではパスケースやペンケースも作られた。

図４　富士山環境展（2019年３月、富士宮市）
アート作品の展示やワークショップ、ギャラリートークなどが催された。

また、二〇一五年から年に二回程度、静岡や東京を中心に開催している「富士山環境展」では、野生動物資源のゼロエミッションを目指した取り組みを行っています。野生動物の皮革や骨や毛などの素材を、様々な作家やアーティストが活かした作品の展示会と参加型のワークショップを行い、野生動物資源の活用に向けた普及活動を続けています（図４、５）。

現在はジビエ肉に比べても、さらに利用率の低い野生皮ですが、各地で取り組みが広がり始めています。シカやイノシシの皮革や骨などという資源は、今まで身近な問題として捉えられなかった、森や野生動物との関わり方を考える良いツールになっていくのではないでしょうか。

（井戸直樹）

第2章 ジビエの動物

1 シカ

❶ 日本にいるシカ

日本には、在来種のニホンジカと外来種のキョン（中国原産）、タイワンジカがいます。ニホンジカはシカ科シカ属に属し、中国の梅花鹿（メイファールー）、ベトナムジカ、ロシアのウスリージカはニホンジカの亜種です。日本に棲むニホンジカには、北海道のエゾシカ（*Cervus nippon yesoensis*、図2−1−1）、本州のホンシュウジカ（*C.n.centralis*、図2−1−2）、四国・九州にいるキュウシュウジカ（*C.n.nippon*）、さらに長崎県対馬のツシマジカ（*C.n.pulchellus*）、鹿児島県のマゲシカ（*C.n.mageshimae*、馬毛（まげ）島、阿久根大島・臥蛇島（がじゃじま）〈移入〉）とヤクシカ（*C.n.yakushimae*、屋久島）および沖縄県のケラマジカ（*C.n.keramae*、慶良間諸島）の七亜種がいます。ただし、ツシマジカをホンシュウジカの一種とみなして六種とする説もあります。キュウシュウジカの亜種名が「nippon」になっているのは、ヨーロッパで分類された時に使用された亜種であるためです。

体重は北にいる亜種ほど大きく、エゾシカの体重は雄では一〇〇kg以上になりますが、ホンシュウジカ、キュウシュウジカはそれより小さく、ツシマジカ、マゲシカ、ヤクシカは約四〇kg、ケラマジカでは三〇kg程度です。雌は雄よりも一回り小さく二〇〜八〇kg程度です。

図２－１－２　ホンシュウジカ
（写真提供：黒崎弘平氏）

図２－１－１　エゾシカ

外来種が野生化したのは、観光施設から逃げ出したりしたためと考えられています。動植物園から脱走したと言われるキョンは千葉県で約五万頭、伊豆大島では約二万頭まで増え、農産物被害などを引き起こしています。また和歌山県友ヶ島にはタイワンジカが野生化し、本州に渡ってニホンジカと混血していると言われています。その他、ヨーロッパ種であるアカジカが鹿牧場から逃げ出し在来種と混血している、あるいはエゾシカが本州でホンシュウジカと混血して野生化しているとも言われています。

❷ 生態・特徴

ニホンジカは、牛や羊などと同じく偶蹄類に分類され、四つの胃袋を持つ草食動物です。生息域は森林と草原の両方にまたがる林縁部が中心で、草だけでなく木の葉や樹皮なども食べます。そのため農産物だけでなく、森林にも深刻な食害を与えています。シカは後肢で立ち上がった時に届く高さまでの草や木の葉をすべて食べつくすため、地面からほぼ一・五ｍ以下が丸裸になってしまいます。この境界線のことを「ディアライン」と呼んでいます。ニホンジカの生息域は近年、頭数の増加に伴って拡大しており、日本全体に広がりつつあります。

シカは本来、薄明薄暮性で、日の出や日の入り前後の薄明かりの時間帯に活動しますが、人間の影響で夜間に活発に活動するようにもなってきています。特に餌場として集落周辺の農地を利用するようになってからは、その傾向は強まっています。例えば、日の入りとともに森から牧草地などに進出し、夜間は牧草地などで数時間採食し、その後反芻しながら休息することを繰り返し、日の出とともに森に帰っていくという行動パターンが見られます[1]。

ニホンジカの角は雄のみに生え、毎年生え変わります。一歳では一本角ですが、年齢とともに角が枝分かれし、三、四歳からは三又に分かれた枝角を持つようになります。角は春先から伸びはじめますが、八月頃までは袋角（ふくろづの）という血管が通った柔らかい角で、夏の終わり頃に骨化し、堅角に変わります。九〜一一月の繁殖期には、この硬い角を武器に雌を巡って雄が争い、勝ち残った雄のみが数頭の雌とハーレムを形成し交尾を行います。

妊娠期間は約二三〇日で、翌年五〜七月に一子を産みます。雌の子ジカは母親と行動をともにし、翌年の秋には性成熟に達して、次の年の春から夏にかけて出産します。雄は一歳を過ぎると他の雄と群れを作ります。このようにシカの群れは固定的ではなく、季節や年齢によって変化します。

シカは臆病な性格で、危険に遭遇するとパニックになるので、捕獲するには暗く、狭い場所に追い込む必要があります。また、跳躍力に優れ、二mほどの高さでも飛び越えるので、シカを飼う場合にはそれに対応した柵を巡らす必要があります。ただし、シカは跳躍によって肢を痛めるおそれがあるため、通常は防護柵のある場所では跳ぶのではなく、下からもぐり込んで突破しようとします。したがって、防護柵を設ける際には、もぐり込めないように工夫することも重要です。

❸ 主な被害とその対策

シカは食性が広く、千種類以上の植物を食べると言われています。[2] しかし、なかには進んで食べない植物もあるため特定の植物のみが繁茂することになり、生態系に大きなダメージを与えています。また、農産物や森林への被害も大きく、農産物被害だけでも約五三億円（二〇一九年度）で、野生動物による被害の三分の一と最も大きな割合を占めています[3]（表２－１－１、図２－１－３）。さらに、シカと車や電車との衝突による交通事故が増加し、人身事故も起きています。

また、近年は「アーバンディア」と呼ばれるように、都会にシカが出没し、大きな問題になっています。さらに最近では、管理の行き届かない森林の樹皮や下草をシカが食べるため、集中豪雨による山林崩壊が各地で見られるようになっており、それが都市災害を起こしつつあることが危惧されます。これらはシカ問題が農山村の問題にとどまらず、都市の問題として考えなくてはならない理由です。

シカの被害対策は、「個体数調整」、「被害防除」、「利活用」、「生息環境管理」、「担い手の確保」の五つを中心に全国で行われています。このうち、最も行われているのが、柵などで囲う「被害防除」です。なかには集落全体を囲ったり、住居を囲ったりしなければならない地域もみられます。「生息環境管理」は、野生鳥獣の集落への出没を防ぐ目的で、畑の野菜残渣や柿などの果実の撤去を行うなど、集落に餌を残さない取り組みのことです。

「個体数調整」はシカを殺処分することです。冬季の狩猟期以外に有害鳥獣駆除として国や地方自

表2－1－1　野生鳥獣による農作物被害の推移（鳥獣種類別）

（単位：1,000ha、100万円）

		2016年度		2017年度		2018年度		2019年度	
		面積	金額	面積	金額	面積	金額	面積	金額
鳥類	カラス	3.7	1,618	3.0	1,470	2.6	1,425	2.3	1,329
	カモ	0.3	451	0.3	448	0.2	386	0.4	450
	ヒヨドリ	1.2	480	0.9	406	0.6	307	0.8	602
	スズメ	1.6	310	1.1	307	0.8	237	0.7	236
	ムクドリ	1.1	242	0.9	215	0.8	191	0.8	178
	ハト	0.6	124	0.3	102	0.3	99	0.3	92
	その他鳥類	0.7	260	0.4	252	0.9	251	0.2	254
	小計	9.2	3,485	6.9	3,200	6.3	2,897	5.5	3,141
獣類	シカ	42.8	5,634	35.4	5,527	35.8	5,410	33.8	5,304
	イノシシ	8.2	5,072	6.7	4,782	5.9	4,733	5.5	4,619
	サル	1.6	1,031	1.2	903	1.0	823	1.0	860
	ハクビシン	0.7	428	0.6	417	0.5	401	0.4	405
	クマ	0.8	387	0.8	389	0.7	383	0.8	404
	アライグマ	0.4	336	0.3	327	0.3	375	0.5	361
	カモシカ	0.1	182	0.2	158	0.2	134	0.1	120
	タヌキ	0.3	152	0.2	147	0.2	151	0.2	132
	ネズミ	0.5	64	0.4	124	0.5	72	0.1	79
	ウサギ	0.2	71	0.1	62	0.1	73	0.2	70
	ヌートリア	0.1	65	0.1	58	0.1	54	0.1	40
	その他獣類	0.5	255	0.4	293	0.3	271	0.2	265
	小計	56.0	13,678	46.3	13,186	45.5	12,881	42.9	12,660
合計		65.2	17,163	53.2	16,387	51.8	15,777	48.4	15,801

注1：都道府県の報告による（都道府県は、市町村からの報告を基に把握を行っている）。
注2：ラウンドの関係で合計が一致しない場合がある。
注3：「その他鳥類」にはキジおよびサギ、「その他獣類」にはモグラ、マングース、タイワンリスおよびキョンを含む。

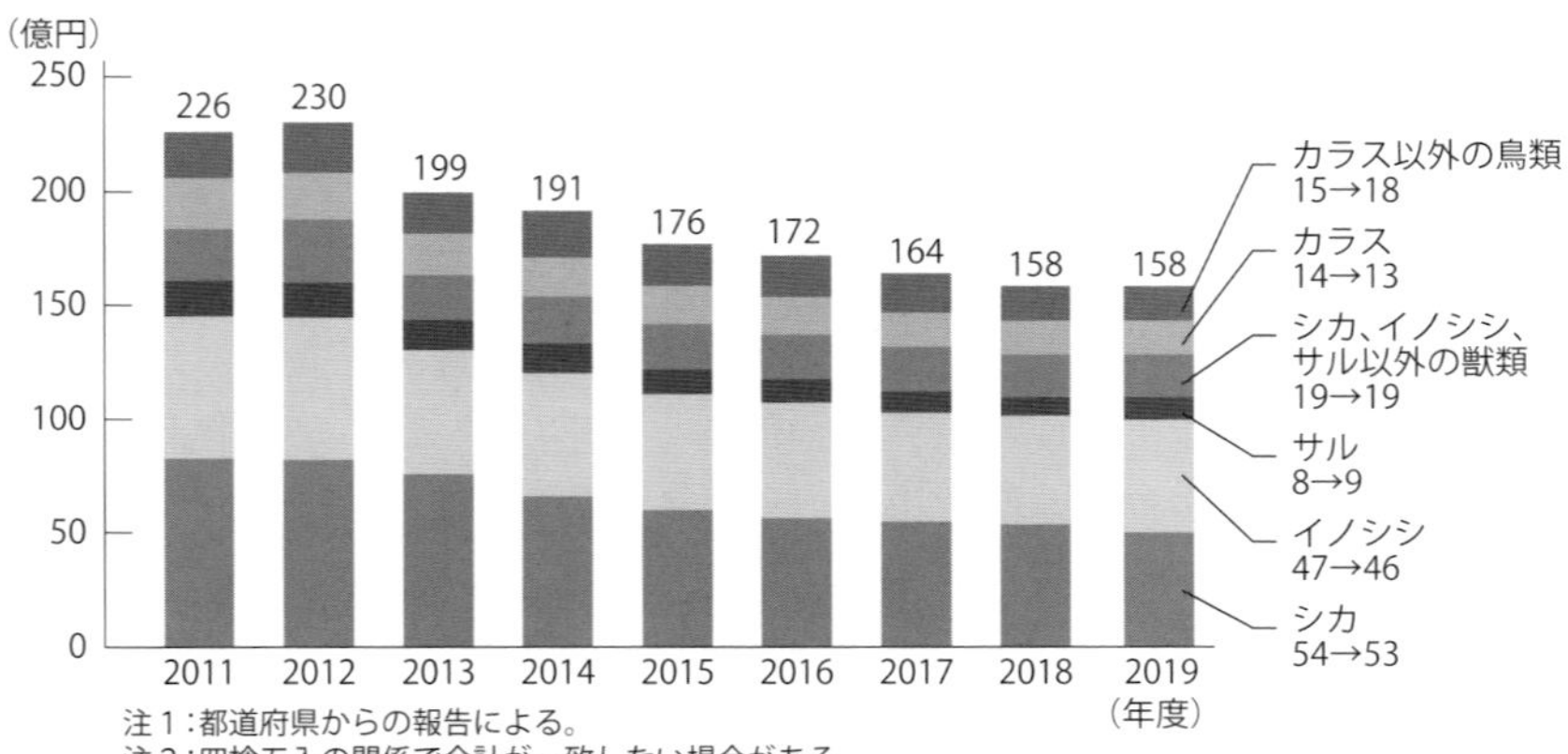

注1：都道府県からの報告による。
注2：四捨五入の関係で合計が一致しない場合がある。
注3：動物種の下の数字は、2018年と2019年度の被害金額の推移。

図2－1－3　野生鳥獣による農作物被害金額の推移

治体の助成を受けて、現在年間約六〇万頭が狩猟を含め捕殺されています。（第1章2 日本のジビエ、図1―2―2参照）。環境省の推定によると、本州以南ではこの三〇年間にシカの頭数は約一〇倍にまで急増しています（同、図1―2―3参照）。全国の頭数は、北海道での推計値を加えると三〇〇万頭以上になります。このことから、国は二〇一三年に一〇年後の二〇二三年には頭数を半減させて、一五二万頭にする計画を立てています。[4] しかし、そのためにはさらに捕殺数を増加させる必要があります。現在の頭数は若干減少しているものの、目標年までの半減は厳しい状況です。それは、狩猟者がこの四〇年で四割程度までに減少し、さらに六〇歳以上が六割を超えているためです。国は被害対策の五つ目の柱として「担い手の確保」を掲げ、狩猟者の育成に力を入れており、近年は若い人も含め、免許取得者は若干増加傾向にあります。また、法律の改定により、「認定鳥獣捕獲等事業者制度」（鳥獣保護管理法二〇一五年改正）を設立して団体や企業が捕獲事業に従事できるようにしたり、市町村ごとに「鳥獣被害対策実施隊」（鳥獣被害防止特措法二〇一二年改正等）を創設したりしています。

「利活用」は、捕殺されているシカを資源として活用しようとする取り組みで、本書の主なテーマであるジビエという利用の他、皮、鹿茸（ろくじょう）、堅角、骨などの利用があります。その他に、「生きたシカの活用」として山や森でのシカを観察するなどのエコツアーを開催している地域もあります。[5]

❹ シカの資源としての利用

シカ肉は高タンパク、低脂肪で鉄分に富み、欧州ではベニスン（venison）と呼ばれる高級肉です。

脂肪には、オレイン酸などのオメガ3系列の不飽和脂肪酸を豊富に含んでいます。(6) シカ肉はなじみがないように思われるかもしれませんが、古代日本ではシカ肉はイノシシ肉とともによく食べられていたようです。シカ肉はカノシシと呼ばれていたようですが、シシとは「肉」の意味と言われています。

シカ皮は柔らかくて、強いという特性を持ち、セーム革として車の拭きあげやメガネ拭きとしてなじみがありますが、カバンや靴、手袋などにも広く使われています(7)（図2－1－4）。シカ皮は古くから使われており、例えば奈良時代から貴族の遊びとして広まった蹴鞠（けまり）の毬もシカ皮で作られ

図2－1－4　シカ皮で作った帽子
（3ページ、口絵6）

図2－1－5　トロフィー（頭のついた雄の角）
（3ページ、口絵7）

ています。また、鎌倉時代に神事として行われるようになった流鏑馬（やぶさめ）の射手の服にも、多くのシカ皮が使われています。さらに、伝統的な革製品である甲州印伝はシカ皮が使われていますが、現在はそのほとんどが中国産のキョンの皮が使われています。

春から夏にかけての、まだ骨化していない角を「幼角」あるいは「袋角」と呼びますが、それを乾燥させたものが「鹿茸（ろくじょう）」です。漢方薬の強壮剤としての需要が高く、中国や台湾ではもっぱら鹿茸採取のための養鹿（ようろく）が行われ、産業として確立しています。頭のついた雄の角は、「トロフィー」と呼ばれ、欧米を中心にハンターの一番の「獲物」です（図2－1－5）。堅角も漢方として使われますが、これはペットフードとしても人気があります。

シカの資源利用はまだ始まったばかりで、農林水産省の調査では、食肉としての利用も捕獲頭数の一割程度にとどまっており、皮や角などの利用はほとんど行われていません[8]（表2－1－2、3）。

❺ シカ問題の解決と資源利用

シカは戦後、絶滅が危惧され一時的に保護されましたが、今日ではむしろ「増えすぎ」が問題となっています。その要因として様々なことが言われていますが、次のようなことが考えられます。

シカの棲む里山は、ドングリのなる広葉樹から針葉樹に代わり、針葉樹林も間伐などの手入れが行き届かないため、日光が地面に届きません。したがって、餌となる下草が十分に生育せず、餌がない状況です。このままでは、シカは絶滅するしかないのですが、集落周辺には牧草や野菜など美味しい食べ物が豊富で、過疎化により邪魔な人間も少なく、耕作放棄地が広がる農村は森から集落

表２－１－２　野生鳥獣のジビエ利用割合（推計）

（単位：頭、%）

年度	シカ			イノシシ		
	捕獲頭数	処理頭数	割合	捕獲頭数	処理頭数	割合
2016	579,282	55,688	9.6	620,464	27,476	4.4
2017	605,300	64,406	10.6	533,800	28,038	5.3
2018	572,300	74,136	12.9	604,800	34,600	5.7
2019	602,900	81,869	13.6	640,100	34,481	5.4

資料：農林水産省 野生鳥獣資源利用実態調査

表２－１－３　食肉処理施設で処理して得た金額とその割合

（上段は金額：100万円／下段は割合：%）

年度	実　額											
	合計	販売金額										解体処理の請負料金
		計	食肉				食肉以外					
			小計	イノシシ	シカ	その他	小計	ペットフード	皮革	鹿角	その他	
2016	3,030	2,987	2,893	1,371	1,483	39	94	81	6	5	2	43
	100.0	98.6	95.5	45.2	48.9	1.3	3.1	2.7	0.2	0.2	0.1	1.4
2017	3,147	3,125	2,919	1,247	1,640	32	206	193	6	6	1	22
	100.0	99.3	92.8	39.6	52.1	1.0	6.5	6.1	0.2	0.2	0.0	0.7
2018	3,821	3,795	3,557	1,618	1,892	67	218	201	8	8	1	26
	100.0	99.3	93.6	42.3	49.5	1.8	5.7	5.3	0.2	0.2	0.0	0.7
2019	3,769	3,737	3,427	1,486	1,875	66	310	293	6	10	1	32
	100.0	99.2	90.9	39.4	49.7	1.8	8.2	7.8	0.2	0.3	0.0	0.8

資料：農林水産省 野生鳥獣資源利用実態調査

に出やすい環境にあると言えます。つまり、森に餌がないため、シカは森から押し出され、一方、集落周辺には餌が豊富なため、集落にシカが引きつけられ、その結果、人間との軋轢（あつれき）も高まっていると考えられます。

図２－１－６　中国の国営養鹿牧場

この問題の抜本的な解決のためには、野生動物が安心して暮らせる環境が必要です。しかし、そのためには農山村の人々が安心して暮らせる環境が前提となると考えます。つまり、現在のシカ問題は、農山村の荒廃がその根本要因であり、真の解決には森林や耕作放棄地の再生などを含めた農山村経済の、持続的な維持発展が不可欠でしょう[9]。

シカの資源としての利用を持続的に行う一つの案として、シカを家畜として飼養する養鹿が必要と考えます。先述したように、中国では鹿茸を取る目的で、一九五〇年代から国営養鹿牧場が各地に作られました[10]（図2ー1ー6）。

その他の国で、養鹿が産業として確立されたのは一九七〇年代のニュージーランドです。ニュージーランドはヨーロッパを中心に肉（図2ー1ー7）を、韓国や台湾には鹿茸を輸出しています[11]。日本も少量を輸入しています。一方、ヨーロッパでも各国で鹿牧場が展開されるようになってきています[12]（図2ー1ー8、9）。

日本では、一九七〇年代に北海道の鹿追町で鹿牧場が作られ、一

図2−1−7　ニュージーランドの小売店で販売されているシカ肉

図2−1−8　ドイツの鹿牧場

図2−1−9　スコットランドの鹿牧場

九八〇年代後半から一九九〇年代にかけて鹿牧場の開設が相次ぎ、一九九九年度には一六七カ所、四九四八頭にまで増え、[13] 一九八七年には国が特用家畜として認定しています。

しかし、多くの牧場は経営的に行き詰まり、牛の牛海綿状脳症（ＢＳＥ）の影響もあり、現在では商業的な養鹿場はほとんどみられなくなっています。野生シカを生体捕獲し、一時的に飼いなおす「一時養鹿」が北海道で行われていますが、今後は養鹿の再建をどう進めるかを議論する必要があると考えます。

（小林信一）

２　シカはなぜ増えたのか

❶ハンターの減少と高齢化

シカ増加の要因として、ハンターの減少と高齢化がよく指摘されます。全国の狩猟免許所持者数をみると、一九七五年にはおよそ五一万七八〇〇人で、そのうち三〇歳代と四〇歳代が最も多く、それぞれ約三〇％を占め、六〇歳以上は八・八％と少数でした。その後、二〇一五年には一九万一〇〇人となり、一九七五年に比べると三六・七％に減少しました。しかも三〇歳代の割合は七・四％、四〇歳代は一〇・九％、50歳代は一五・〇％となり、六〇歳以上の割合は六三・三％となりました（図２－２－１）。

こうした変化をみると、ハンター人口は減少し、しかも高齢化していることは間違いありません。しかし、ハンターの人数が減り、高齢化したことによってシカの捕獲頭数が減少し、個体数（頭数）が増加したのでしょうか。実際に、総務省関東管区行政評価局から公表されている「狩猟者の捕獲実態に関する委託調査結果（二〇一七年二月）」では、茨城県、埼玉県、栃木県、長野県の猟友会員（三六名）を対象にして、狩猟と有害鳥獣捕獲を比較しています。この調査対象となった狩猟者の平均年齢は六八・四歳です。また、猟具として、狩猟では銃のみを使用する捕獲が六一・一％を

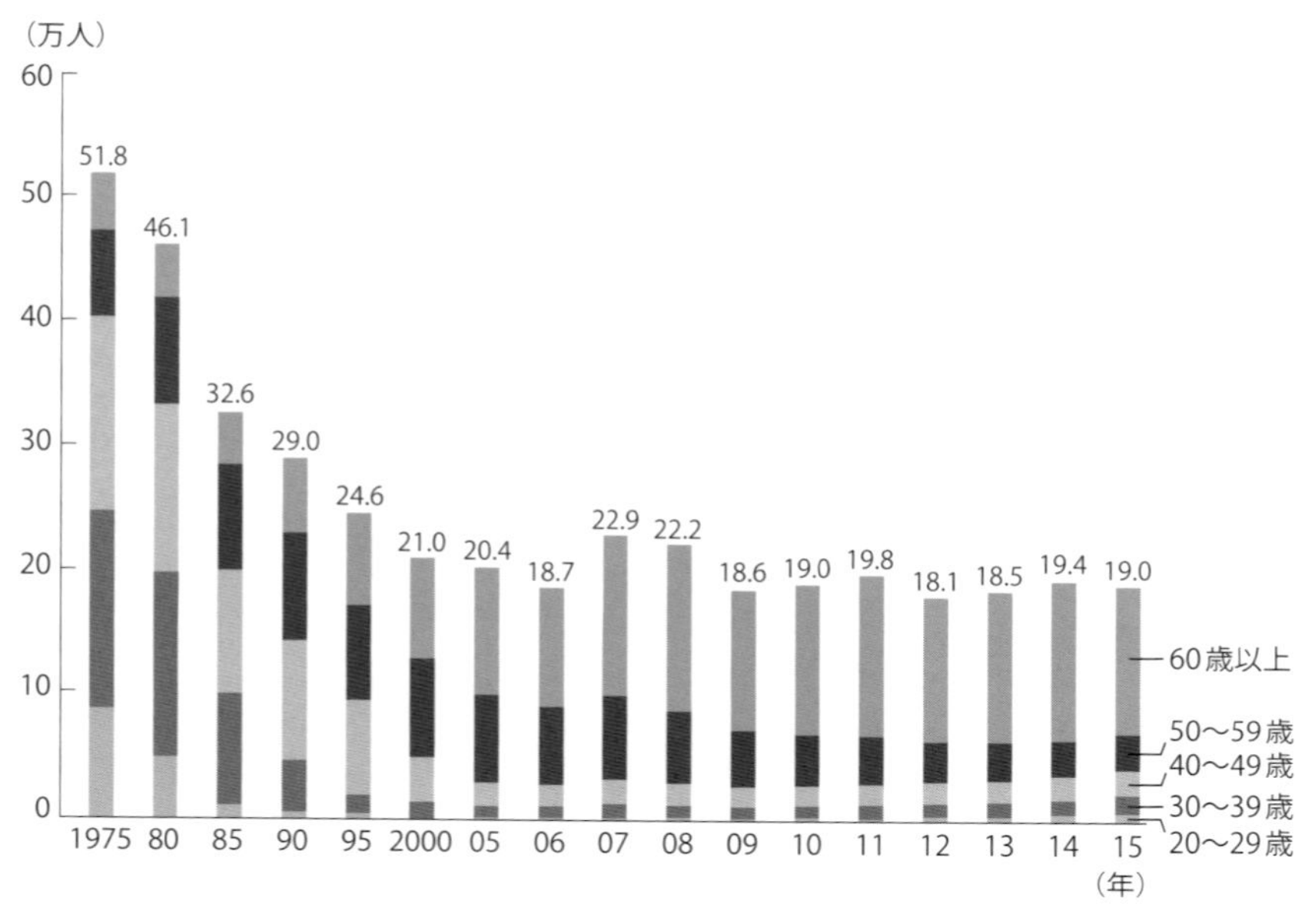

図２－２－１　全国の狩猟免許所持者数（年齢別）の推移（万人）

占め、有害鳥獣捕獲の場合では、銃のみを使用した捕獲は一三・九％であり、わなのみが四一・七％、わなと銃の両方を使って捕獲した割合は四一・七％でした。さらに出猟日数（わなの見回りも含む）は、狩猟では四四・三日であり、有害鳥獣捕獲では一四〇・七日でした。しかも、シカの捕獲頭数は、狩猟では三五九頭でしたが、有害鳥獣捕獲では八二五頭と二倍以上でした。

もちろん、この調査地の狩猟期間はおよそ四カ月であり、有害鳥獣捕獲はほぼ通年にわたって行われています。こうした違いはあるものの、ハンターの人数が減少し、高齢化したとはいえ、出猟日数や捕獲頭数が減少しているわけではありません。さらに狩猟と有害捕獲によるデータでは、驚くべきことに、一九七五年度のシカの捕獲頭数は、狩猟で一万二二〇〇頭、有害捕獲で八〇〇頭でしたが、二〇一五年度では狩猟で一六万八七〇〇頭、

表2－2－1　荒廃農地面積の推移

（単位：万ha）

	荒廃農地面積計	再生利用が可能な荒廃農地	再生利用が困難と見込まれる荒廃農地
2014年	27.6	13.2	14.4
2015年	28.4	12.4	16.0
2016年	28.1	9.8	18.3
2017年	28.3	9.2	19.0
2018年	28.0	9.2	18.8
2019年	28.4	9.1	19.2

有害捕獲で四二万四九〇〇頭となりました。これらの数値からみても、単純にハンター人口の減少や高齢化によって、シカの頭数が増加したわけではないことが分かります。

❷農村の過疎化と耕作放棄地の増加

日本の総人口は一億二五八五万人（二〇二〇年一〇月）であり、六五歳以上の割合は二八・七％を占めています。実際に、農業就業人口は二〇一〇年には二六〇・六万人でしたが、二〇一七年には一八一・六万人となり、およそ六九・七％に減少しました。このうち、女性の人口も一三〇万人から八四・九万人に減少し、しかも六五歳以上の女性の割合は六一・六％から六六・五％とやや増加しました。一方、二〇一六年度の新規就農者数は六万人、新規自営農業就農者は四・六万人、新規雇用就農者は一・一万人程度となっています。

こうした農業者の減少により荒廃農地や耕作放棄地も増加しました。例えば、二〇一四年度の荒廃農地面積（実績値）は二七・六万haであり、そのおよそ半分は農地というより森林のような状態になってしまい、物理的に農地としての再生が困難な土地であると見込まれています（表2－2－1）。また、耕作放棄地面積についてみると、一九七五年には一三・一万

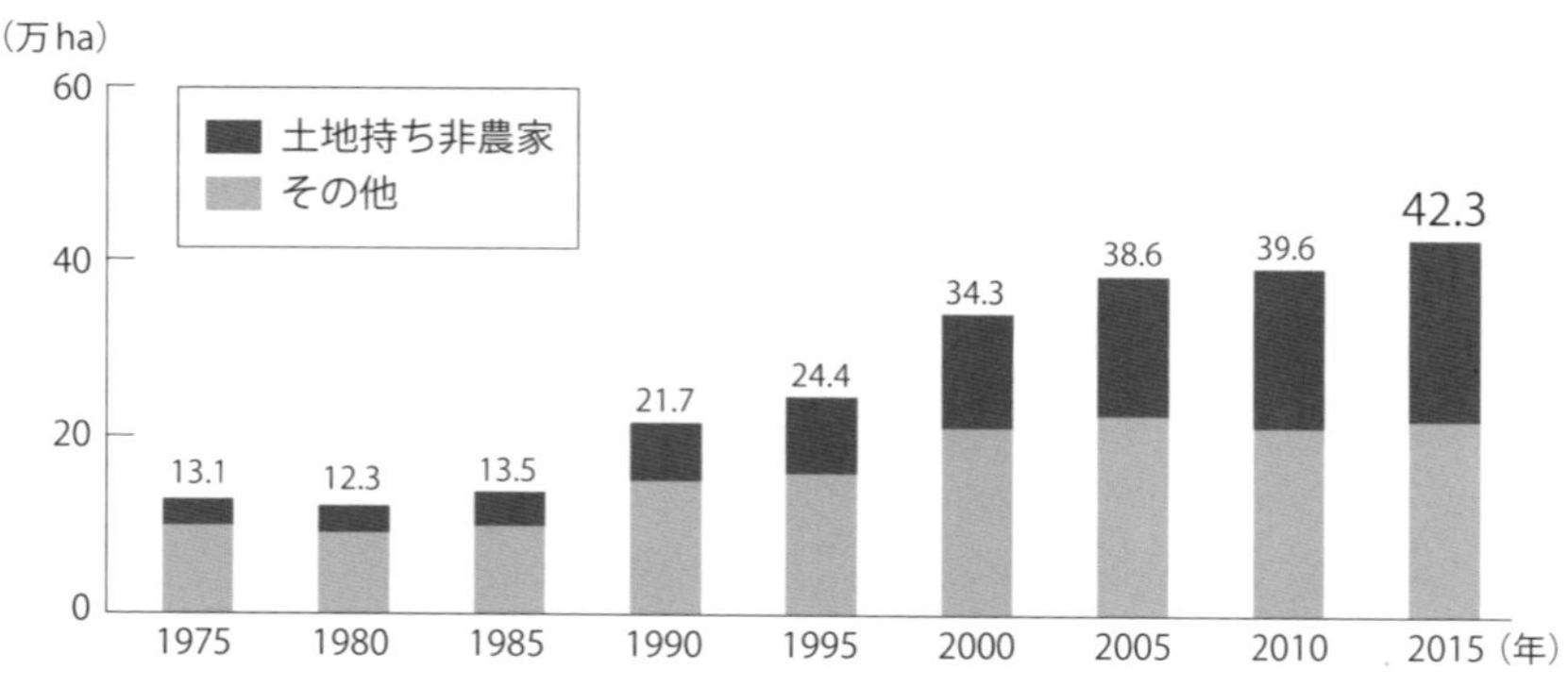

図２－２－２　耕作放棄地面積の推移

ha程度でしたが、一九九〇年には二一・七万haとなり、二〇一五年には四二・三万haにまで増加しました（図２－２－２）。

これらの荒廃農地や耕作放棄地では、広葉の植物や灌木が生育するようになりました。これはシカにとって良好な餌場となり、同時に多くの野生動物の生息地としても利用されるようになりました。したがって、荒廃農地や耕作放棄地はシカの餌場を提供することになり、シカの増加に直接関係しています。しかし、現在直面しているシカの個体数増加の要因は、荒廃農地や耕作放棄地が増加する以前から始まっています。

❸木材生産を目指した拡大造林政策

日本の国土面積は三七八〇万haで、そのうち森林面積は二五〇三万haです（図２－２－３）。森林面積のうち約四割に相当する一〇〇〇万haは人工林（主にスギ、ヒノキ、カラマツ）です。森林の所有形態別にみると、森林面積の五八％が私有林、三一％が国有林、一一％が公有林となっています。林業においても担い手の高齢化、後継者の不足、地方の人口減少などにより、森林の荒廃が進んでいます。特に後述する拡大造林政策により植栽されたスギやヒノキの苗木はすでに六〇年生を超えていますが、国内の木材需要や価格低迷により、伐採できずに放置された状態にあります。

一方、シカの個体数増加と造林事業の関係をみると、人工林の造成にはまず原野や雑木林を伐採し、苗木を植えることになります。そして苗木が生長して枝葉を広げ、地上部への日光を遮るようになるまでの期間（およそ一〇〜一五年間）は、苗木の周囲にはイネ科やマメ科植物、あるいは低木などの地上植物（下層植生）も繁茂します。下草刈りは人工林の管理作業でもありますが、これらの植物はシカの餌植物になります（図２－２－４）。

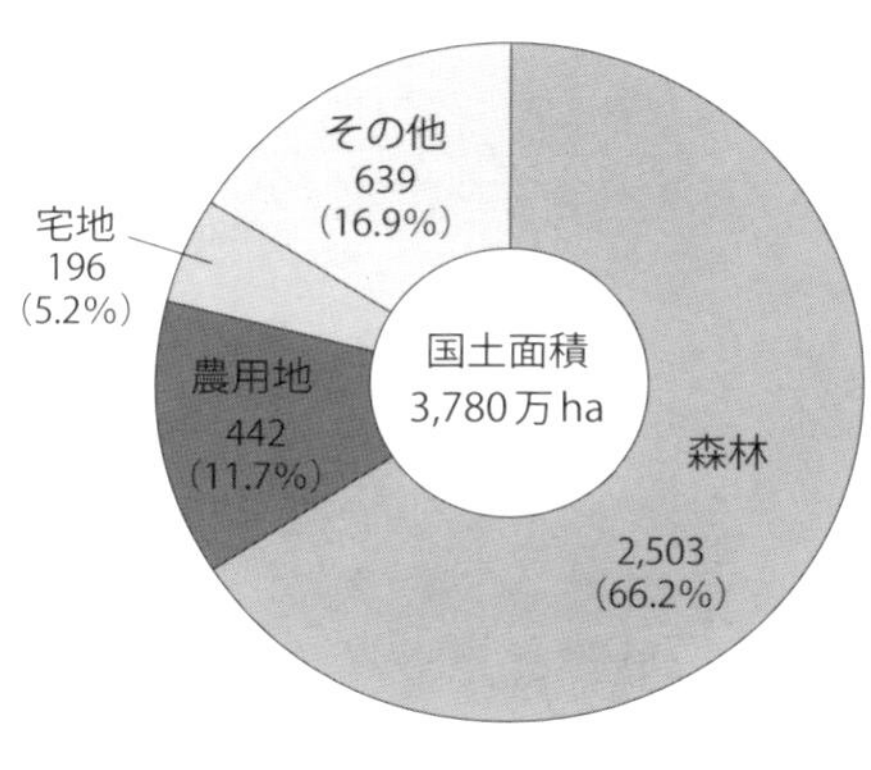

図２－２－３　日本の国土面積と内訳（2018年）

シカは本来、平地を生息地とする動物ですが、現在のように平地から山野に追いやられたとしても、下層植生が豊かであれば、山間部でも生き延びることができるのです。すなわち、人工林の造成初期段階では地上部に豊かな植生が広がり、シカにとっては餌食材に恵まれた環境となり、繁殖や子ジカの育成が容易になります。この結果、シカの個体数は安定的に増加することになります。もちろん、下層植生が利用できるのは、人工林の生長によって地上部植生の生育が抑制されるまでの期間に限られます。そのため、シカは林齢の若い人工林内を移動することになります。シカの繁殖は秋季で、翌年五〜七月に分娩します。一産で一頭または二頭を出産します。子ジカの雌は数年間、母親とともに生活しますが、子ジカの雄は二歳頃には母親から離れて単独で行動するようになります。雌雄ともに三歳

図２－２－４　人工林の生長とシカの餌場の関係（©Hisa 原図）

齢になると性成熟が完了して、雌では妊娠可能となり、その後、一〇年余り妊娠と分娩を繰り返すことになります。

戦後、復興造林として戦中および戦後直後に荒廃した伐採跡地への造林が終わると、昭和三〇年代（一九五五～六四年）には拡大造林政策が掲げられ、従来の薪炭林や天然林などがスギ林やヒノキ林に転換されました。当時の人工林面積は五〇〇万haほどでしたが、この政策が終わる頃（一九八五年）には人工林面積は二倍になりました。

このようにシカの個体数増加は、拡大造林による下層植生の発達という植生遷移に起因していることが考えられます。また、著者らの調査によると、近年では人工林内の林道整備により、南面道路の法面には人工林造成の初期段階に類似した下層植生の発達がみられます。また、堰堤周辺は上空を遮るものがないので、やはり下層植生が発達しています。さらには、地震などによって生じた斜面崩壊地でも広葉草本の群落が発達します。これらの場所は、いずれもシカの格好の餌場となっています。こうしたことから、スギやヒノキを中心とした木材の生産増加を目指した拡大造林政策が、結果としてシカの個体数を増加させる大きな要因となりました。

❹ その他の要因

シカ個体数の増減については、狩猟規則と関係することも指摘されています。すなわち、一八九二年に制定された「狩猟規則」では一歳以下のシカの捕獲は禁止されています。その後、一九〇一年に「狩猟法」が改正され、シカの禁猟は解除されました。さらに一九一八年の狩猟法改正によってシカは狩猟獣に指定され、個体数が減少しました。このため一九四八年には雌ジカが狩猟獣から除外され、次いで一九五〇年には雄ジカのみが狩猟獣とされました。しかし、シカの個体数は各地で減少を続けたため、一九七八年以降、雄ジカの捕獲数は一日一頭に制限されました。その後、一九八〇年以降には各地でシカの個体数が増加するようになり、自然植生や農林業への被害が顕在化するようになりました。

そこで、環境庁は一九九二年に初の「管理マニュアル」を作成し、一九九四年には一定条件の下で雌ジカの狩猟を許可するようになりました。また、一九九八年にはシカを含む毛皮獣の狩猟期間短縮措置を廃止しました。さらに、北海道でのシカ捕獲頭数制限を一日二頭に増やしました。一九九九年には「特定鳥獣保護管理計画」制度を創設し、二〇〇二年には「鳥獣の保護及び狩猟の適正化に関する法律」として改正しました。二〇〇六年になると、休猟区であってもシカとイノシシの狩猟が可能となる「特例休猟区制度」の設置や網・わな猟免許の分割などが導入されました。以上のような狩猟規則の変遷の中で、雌ジカの狩猟禁止が長く続いたことが、シカ個体数の増加をもたらしたと考えられています。

他方、シカの分布域をみると、北陸や日本海側の東北地方には少ないことが知られています。これはシカの肢が細く長いため、冬季の積雪歩きに適さないことによると考えられています。しかし近年では積雪が少なくなり、生息域が広がったこと、ならびに子ジカの越冬生存率が高まったことが、個体数を増加させる要因とも考えられています。

（時田昇臣）

3 イノシシ

日本には、ニホンイノシシとリュウキュウイノシシがいます。どちらもウシ目（偶蹄目）イノシシ科イノシシ属の亜種です。ニホンイノシシ（*Sus Scrofa leucomystax*）は本州から九州に、リュウキュウイノシシ（*S.s.riukiuanus*）は奄美大島、徳之島、沖縄本島、石垣島、西表島に分布しています。ここではニホンイノシシについて説明します。

ニホンイノシシは、頭胴長は約一〇〇～一五〇cm、尾長約二〇～三〇cm、体重七〇～一一〇kgですが、なかには二〇〇kgに達するものもいます（図2－3－1）。

❶ 生態・特徴

イノシシは毛が粗く、毛色は通常、茶色や茶褐色、黒褐色などです。幼獣はうり坊（図2－3－2）と呼ばれ、体に縦縞があります。鼻面は真っすぐ突き出したような感じで、鼻先は平たいことが特徴的です。また、上顎の犬歯は大きく、特に雄のそれは強力な牙となっています。完全に成獣に成長するまで五～六年かかると言われ、寿命は飼育下で一五～二〇年程度、野生では五～一〇年程度とされています。

基本的には雑食性で、ヤマイモ、タケノコ、果実、ドングリなどの植物質、ミミズ、昆虫、ヘビなどの動物質のものを採食するために、地面をよく掘り返します。

成熟した雄のイノシシは単独で暮らしていますが、雌は子供と一緒に家族単位で群れをなして生活しています。群れは多いもので五〇頭ほどになります。昼間に活動しますが、日中は休んでいることが多く、朝や夕方に活発に動き回ります。しかし、人の近くに棲むイノシシは夜行性になる傾向が強く、国道や県道などに夜に出歩くイノシシも増えてきています。一方で視力が弱く、自動車がヘッドライトを点灯していても、一m圏内に入らないとライトに気づきません。そのため、自動車との接触事故も増えています。動物との接触事故は自動車保険で対物保険の対象とならないので、イノシシが多い地域での運転には注意が必要です。

イノシシは水場が近い所を好み、水浴びや泥浴びをする習性があります。泥地でも地面を掘り起こして、泥浴び（ヌタウチ、図2－3－3）をよく行い、そのような場所を特にヌタ場（沼田場）と呼んでいます。また、泥だらけの体を木にすりつけたりもし、その木を「スリ木」と呼びます。

イノシシは足が短いので、北陸や東北地方などの積雪地では生息が制限されていると考えられていました。しかし近年、温暖化で雪が少なくなり、移動範囲が広がったためか、生息地が北方に拡大しています。

イノシシは満腹になると寝る習性があり、田畑や被害を及ぼす土地の茂みで休息していることがあります。

イノシシは年に一回、平均四～五頭（三～一二頭）を出産します。幼獣にみられる縞は半年ほどでなくなり、一年半ほどで繁殖が可能となります。近年、温暖化の影響で山から里に降り、畑の農

図2－3－1　イノシシ（成体）
（4ページ、口絵8）

図2－3－2　イノシシの幼獣（うり坊）

図2－3－3　ヌタウチの様子
（4ページ、口絵9）

図２－３－５　イノシシの副蹄の位置

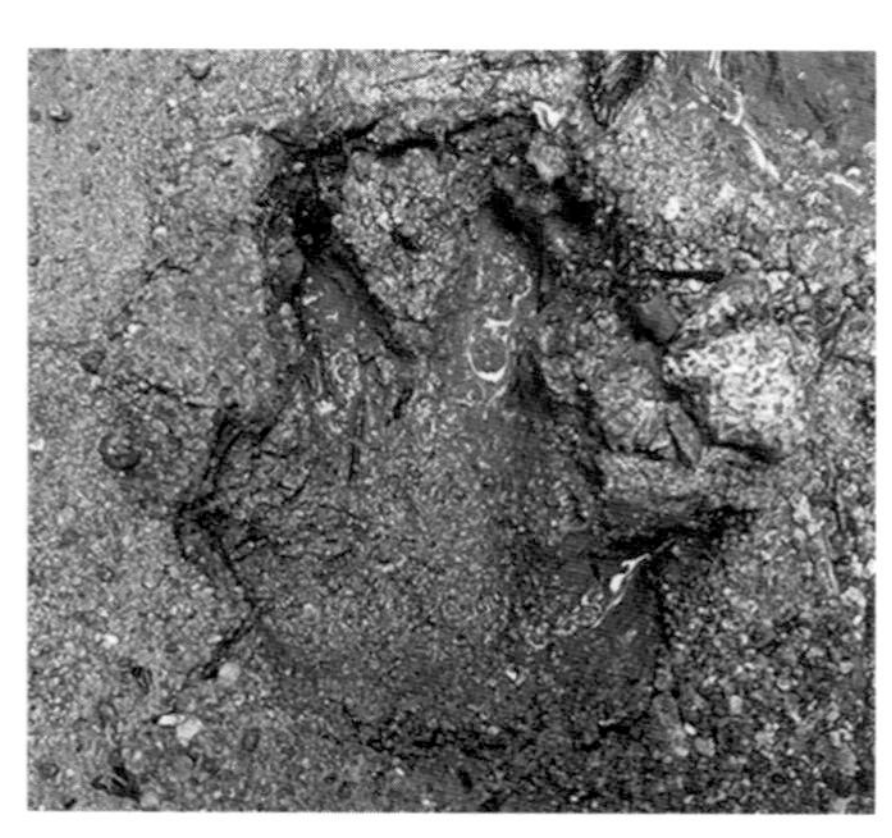
図２－３－４　イノシシの足跡

作物を豊富に食べられることから、年二回出産するイノシシも出てきたと言われています。イノシシの交尾期は一月から約二カ月間で、雌の発情は三日程度です。雄は雌の次の発情を求めて、雄同士で戦います。その際に戦う鎧（※１）を背中につけるため、この時期の皮剥ぎは皮が硬く、なかなか剥ぎにくくなります。また、発情した雄の肉は少し臭いがきつくなります。強い雄は多くの雌と交尾をすることができます。妊娠期間は六カ月で、通常、出産は四～五月です。母は授乳や巣作り以外には積極的に子育てをしない放任主義のため、子供の死亡率も高くなっています。

歩幅は雄の成体で六〇～八〇cm、雌の成体や幼体で四〇～五〇cmです。足跡（図２－３－４）はシカと見分けるのが難しいですが、イノシシの方は副蹄がより地面に近い位置にあるため、浅い雪でも副蹄の足跡がつきやすくなっています。生け捕りしたイノシシの副蹄の位置（図２－３－５）を確認してみると、よく分かります。

ふんはシカやウサギほどコロコロしておらず、ふん塊を軽く圧縮したようなもので、ためふんをしないところがタヌキと違います。

土を掘り返した土耕跡は、「ラッセル跡」や「アセリ」とも呼ばれます。イノシシは植物の根茎を食べるために、地面を掘り返すと言われています。まるでユンボ（※２）で畑を耕したような痕跡が見られます。猟師はその痕跡や複数のイノシシが荒らしたヌタ場などを見て、いつごろ付けたものかを判断して、イノシシを探す手がかりにしています。

イノシシは力が強く、走るのも速く、物を跳び越える能力も持ち、その運動能力は優れています。元来、神経質な動物で、見慣れないものを見かけると避けようとしたり、不用意に近づくと人に向かってくることもあります。イノシシは猪突猛進と言われますが、実際には他の動物のように急停止することも方向転換することもあります。力が強く、雄は特に強力な牙も持っているので、むやみに近づいたりするのは危険です。

イノシシは泳ぎも上手です。石川県では、イノシシが道があるにもかかわらず、泳いで島へ渡っている姿を観察した人もいます。このような移動をするため、それまでイノシシがいなかった地域にも確実に自らの力で生息地を広めています。

狩猟時に猟師に対して、警戒を解く時があります。臭いには敏感で、動物的な臭いを発する猟師に、子供のイノシシが臭いにつられて姿を現し、近づいてくることもあります。しかし、人と分かると逃げていくことがほとんどです。

※１　イノシシの雄は、他の雄からの牙による攻撃から身を守るために、繁殖期になると背中の脂肪が非常に硬くなる。その部分は「鎧（ヨロイ）」と呼ばれている。

※２　油圧ショベル。建築機械の一種で大きなアームで土砂を掘削する。

❷ 農林被害とその対策について

● 被害

野生鳥獣による農林被害額は一五〇〜二〇〇億円近くで、その多くはシカによる林業被害ですが、次いでイノシシによる被害が大きくなっています。現在、イノシシは生息地を急速に広げています。そのため、生息地の拡大への対応が追いつかず、効果的な対策ができていない地域が多くあります。近年、国内では土地の開発などによる生息地の減少や、山に人が住まなくなるなど過疎化の影響で、人家の近くにイノシシが姿を現すことが増えています。餌を求めて、群れで田畑などを荒らすため、その被害は大きくなります。また、観光名所の公園や学校などへの侵入も多くみられています。

人的被害としては、学校の中に入って暴れたり、散歩中の人が牙で襲われたりなどといったことも起きています。また、都市部では食料品を持った買物客が襲われるといった事例も見られるようになっています。この人的被害が増えないようにするためにも、山林の手入れをし、山と里の境界線を作るなど、共存共栄を考える必要があります。しかしその前に、生態系のバランスを取るための狩猟による調整が必要と思われます。

● 対策

害獣としてのイノシシ対策として、電流が流れる電気柵が主に使用されています。ただ、イノシシのなかには、その柵を飛び越えたり、潜り込んだりする個体もいます。その他、金属音を嫌います。例えばスパイク長靴が地面に当たる音などです。上から雪などが落ちてくるのも嫌います。そのため、杉の木から雪が溶けて落ちてくる天気の日は出歩きません。

このようなイノシシの生態を踏まえて対策を考えると良いのですが、すぐ学習するので、常に新しい対策が必要となります。田畑は近くに民家が多いこともあるので、猟銃よりも、箱わなを利用したわな猟が行われます。ただし、箱わなを一つ設置するには約一〇万円かかりますので、各自治体の予算で購入し、箱わな猟を行うことが多くなります。箱わなは鉄製が多く、設置直後は自然界にはない鉄の臭いで、イノシシは違和感を感じて警戒します。そのため、ハンター（猟師）は設置後しばらく箱わなの装置を作動しないようにして、餌まきをします。けもの道（イノシシなどの通り道）に米ぬかなどをまき、イノシシが箱わなに入るよう誘導します。狩猟では箱わなに米ぬかを仕掛けて、それを食べに来るところを捕獲します。最近ではその米ぬかだけではわなと気がつく個体もいるので、他の食べ物を混ぜて、誘い出す猟師もいます。

カメラを設置して確認すると、入りそうで入らなかったり、体の半分を箱わなの外に出したまま餌だけを食べるなど、利口な部分も見られます。そのため、ハンターは何日も箱わなに仕掛けた餌の様子を見ながら、イノシシが完全に油断しはじめた時に箱わなの仕掛けをセットします。

子供のイノシシは好奇心につられ、箱わなの餌を食べようとして、中に入ってしまうことがあります。しかし、母親はその様子を見ても子供を置いて逃げてしまいます。親として生き残り、その後また子供を毎年産むことを優先しているのかもしれませんが、ハンターの間では「クマと違い、イノシシの母親は薄情だ」と言われています。

❸ 利活用

● 天然の肉、イノシシ

イノシシが地域の資源として見直され、食材としてだけではない利活用を産業として成立させるための活動が盛んになってきています。豚はイノシシが家畜化されるうちに品種として固定化していった動物ですが、このことを知らない人が多くいます。そのためか、豚肉は食べられるけれど、イノシシは食べられないと言う人が多くいます。そのほとんどはイメージの問題であることも、この数年のジビエブームで分かっています。

天然のアユやウナギのような魚とは違い、食肉で天然がつくものは現代では聞きません。ジビエはまさに「天然の肉」と言えます。価格に変動があるのは天然だからこそと考えたいのですが、産業として、食卓へ普通に流通させるためには、安価で安全・安心である必要があります。また、衛生面の改善なども重要となります。

今後、価格や衛生面などの問題が改善され、食卓にイノシシが並び、美味しいと喜ばれるような未来が来るかもしれません。ですがその結果、捕獲する数が増えすぎて、イノシシが絶滅するという最悪の未来は避けなければなりません。そうならないように、しっかりとルールを守り、イノシシと共存共栄の未来を築くようにしなければならないでしょう。

（福岡富士子）

4 その他の動物

❶ クマ

日本には二種類のクマがいます。一種は本州に棲むニホンツキノワグマ（*Ursus thibetanus, japonicus*、英語 Asiatic black bear、図2－4－1）、もう一種は、北海道に広く生息するヒグマ（*Ursus arctos*、英語 Brown bear、図2－4－2）です。ツキノワグマは、本州と四国の三三都道府県に生息していますが、そのうち四国での生息数はかなり少ないと考えられます。

● 特徴・生態

ニホンツキノワグマ（以下、ツキノワグマ）の平均的な大きさは、頭胴長が一一〇～一三〇cm、体重は雄が八〇kg程度、雌がやや小さく五〇kg程度です。胸に白い斑紋がみられますが（図2－4－1）、斑紋のない個体もいます（図2－4－3）。上半身が下半身より発達しています。個体差や季節変動が大きく、小さい場合は約四〇kg、最大で約一三〇kgになることもあります。雌の性成熟は四歳とみられています。

ヒグマの成獣は、頭胴長が二〇〇～二三〇cm、体重は一五〇～二五〇kgです。ツキノワグマと同

図2－4－1　ツキノワグマ
（写真提供：新潟大学 箕口秀夫教授）（4ページ、口絵10）

図2－4－2　ヒグマ
（写真提供：酪農学園大学野生動物生態学研究室）

図2－4－3　白い斑紋のないツキノワグマ
（写真提供：新潟大学 箕口秀夫教授）

図2－4－4　ツキノワグマの足跡
筆者実家（岩手県雫石町）の裏の畑にあったもの。

様に、雄の方が雌よりも大きくなります。クマは、足の裏全体で体重を支えている（蹠行性（しょこうせい））ので、土壌の状態では肉球跡が分かるほどで、長さが一五cmの大きい足跡になります（図2－4－4）。雌の性成熟はツキノワグマとほぼ同じで三～四歳とみられます。

●ツキノワグマ

雑食性ですが、植物を主食としています。冬眠から目覚める早春には、いろいろな植物の花、新芽、草本の若芽、タケノコ、前年に落ちたブナ類の実やドングリなどを食べています。春から夏にかけては、その時々で花や実をつける植物、特にイチゴの仲間やサクラ類などの肉厚で甘い果実が大好きです。動物性のものとしては、アリ、ハチ、サワガニなども食べます。秋は、ブナ類の実や、ナラ類、栗の実など堅果類を好んで食べます。特にブナ類の実やナラ類のドングリは、多くの地域で、クマにとっての重要な食物となっています。

図2－4－5　ツキノワグマによるクマ剥ぎ
栃木県高原山の登山道にて筆者が確認（樹皮が剥ぎ取られ周辺の巻き返しがあるため古いもの）。

さらに、里に降りて果物、栗やトウモロコシを好んで食べます。また、爪や歯を使って樹皮を剥がし、その成分を食べると考えられる、クマ剥ぎ（図2－4－5）と呼ばれる行動をとります。

● ヒグマ

ツキノワグマと同様に雑食性で、植物を主食としています。食性は地域により異なりますが、季節によっても食べるものを変えています。春から初夏にかけてはフキが一番多く、その他にウドやイラクサ、ミズバショウなどの植物の若葉を食べます。ヒグマはこうした植物を、割合を減らしながらも、秋まで食べ続けます。

柔らかく消化しやすい植物が減る夏になると、植物性の食物不足を補うために、アリやハチなどの昆虫を食べるようになります。また、川を遡上してきたサケを捕食することは多くの方が知るところです。夏から秋にかけては植物の果実を食べます。サルナシ、ヤマブドウ、マタタビなどのツル性の植物の果実、そしてミズナラのドングリの実を主に利用します。シウリザクラやナナカマドの果実も利用します。晩夏には北海道の広い範囲で、クマによる農作物の食害が知られていますが、主な被害作物はトウモロコシや甜菜（砂糖大根）などです。

冬眠は一一月から翌年四月にします。繁殖は五～六月で、出産はまだ冬眠中の一～二月です。ヒグマはツキノワグマと同じように、お互いを排除しあうような固定した縄張りを持たず、重なり合った個々の行動圏を持っていることが明らかになっています。

ツキノワグマと比べてヒグマの調査例は数が少ないため、平均的な行動圏の広さについては一概には言えませんが、雌よりも雄の方が広いことが明らかになっています。例えば知床地域の雌で一一・五～二六・五㎢に対し、雄は一九九・二～四六一・八㎢と報告されています。ただ、同じ性別であっても場所によって異なるように、地域つまり自然条件によって違いが生じます。

冬眠、繁殖、出産の生態はツキノワグマと大きく変わりませんが、北海道という地域性のためか、冬眠、繁殖の時期はツキノワグマより一カ月ほど後ろにずれる傾向があります。クマは基本的には昼行性で、夜明け前後と日没前後に活動が活発になると考えられています。

●被害

クマの被害に遭う農作物は、果樹、飼料作物などが多くなっています。被害がある果樹は地域によって異なりますが、主なものとして柿、栗、リンゴなどが挙げられます。果物は価格が高いものが多いため、一度被害が起こるとその被害金額は大きくなります。

飼料作物で被害が多いのが、家畜の飼料用に栽培されるトウモロコシ（デントコーン）です。二〇一九年度の農林水産省統計では、クマによる被害額は四億四〇〇万円とされています。

●対策

クマが人の近くに来る原因となるものをなくし、周辺の林の下草刈をして農地と樹林を切り離すことが大事です。また、ニンジン、リンゴなどの規格外の農作物の残りや残渣を放置しないことも重要です。動物は、餌の豊富な場所を見つけるとその場所に依存し、頻繁に来るようになります。ヒグマは家畜の飼料なども好みます。そのようなものを簡単に食べることができないように、保管など管理をしっかりとする必要があります。

●ジビエ的視点

クマの肉は昔から食べられていて、体を温める効果があるとされています。また、コラーゲンも豊富に含まれています。ただし、熱をとおすと引き締まりが強く硬くなります。鍋料理などによく使われます。

❷ カルガモ

カルガモ（軽鴨、*Anas zonorhyncha*、英名：Spot-billed duck、図2－4－6）は、鳥綱カモ目カモ科マガモ属に分類される鳥です。通年、郊外の河川や沼、水田などに生息している留鳥です（図2－4－7）。

●特徴・生態

体重は一二〇〇～一五〇〇g、体長は五一・五～六四・五cmです。翼開長は雄で約二七cm、雌で約二五cmです。頭頂や背・腰は黒褐色です（図2－4－8）。また、嘴（くちばし）の左右とも、付け根から目

図2－4－6　カルガモ（全身）

図2－4－7　泳ぐカルガモ

図2－4－8　カルガモの頭部

図2－4－9　カルガモの親子

にかけ、黒色羽毛が帯のように伸びています。その間からは頭部にかけ、黒の羽毛の帯が伸びて、頭部を黒くしています。次列風切羽の光沢は青紫色で、次列風切や三列風切羽縁に小さく不明瞭な白色部があります。風切羽とは鳥類の翼後方に整列する一連の羽を言います。翼の先端から順に初列風切羽、次列風切羽および三列風切羽に分けられます。なお、初列風切羽は指骨・中手骨、次列風切羽と三列風切羽は尺骨に付きます。羽装から雄と雌を区別するのは難しいのですが、雄は腹部が濃褐色で、羽毛外縁（羽縁）の淡色部が小型になり、胸部との違いが明瞭です。雌は胸部と腹部の羽色の差異が雄のように明瞭ではありません。嘴は黒く先端は黄色で、脚は黄褐色です。

鳴き声は、「グェ、グェ」とアヒルに近い音を発します。食性は雑食で、主に植物食で水草や植物の葉や種子などを食べます。水辺で、軽快なリズムで嘴を水草や岸辺の草むらに突き込む動作は食への貪欲さを感じさせます。また、嘴の先の方には敏感な感覚神経が分布しています。

繁殖形態は、草本や枯草・ササなどを組み合わせた直径二二～三〇㎝に達する皿状の巣を作り、その中に十数個の卵を産みます。卵を温める期間（抱卵期間）は二六～二八日です。ヒナは孵化後すぐに歩くことができます。時々、住宅地に近い公園の池周辺に営巣し、孵化後に親子が列を作り移動している微笑ましい姿がニュースになるのを見たことがあるでしょう（図2－4－9）。繁殖期が過ぎると、ヒナはそれぞれ若鳥として親鳥とは別に行動するようになります。

●被害

農作物の被害は、稲種子の直播の場合、種蒔き直後からノビエ五葉期（播種後四〇～五〇日）くらいまでのことが多いですが、それ以降も発生する場合もあります。一方、直播ではなく苗床から早苗を移植する水稲も倒されたり、食害に遭います。また、冬季にはレンコン栽培農家もカモの食害に困っています。カモの生息する沼地に近い葉物畑も餌場になります。筆者の住む地域（宇都宮市郊外）では、沼に近い蕎麦畑に多くのカモが沼から上がり、蕎麦の苗を採食する光景がみられました。二〇一九年度の農林水産省鳥獣種類別被害額調査では、カモによる被害は四億五〇〇〇万円で、鳥類の中ではカラス、ヒヨドリの次に多くなっています。

●対策

水稲では、水位を低くするとカモの着水や行動を抑制できることが知られています。レンコンや畑作の場合は、防鳥ネットを張り防御するのが確実です。

●ジビエ的視点

アイガモなど家禽化されたカモもいて、昔から食用にされていますから、抵抗なく料理に使われます。野生のカモは脂も少ないですが、野生カモ特有の臭いが若干あります。肉は赤みで、引き締まった感じです。一二月～一月は脂が乗って食味が良いようです。なお、カルガモは「鳥獣の保護及び管理並びに狩猟の適正化に関する法律」において、マガモなど他のカモ類と同じく狩猟可能な鳥として位置づけられていますが、狩猟捕獲に際しては狩猟期間、狩猟許可区域などを確認する必要があります。また、捕獲についても、別途わな猟免許の取得などが必要になります。

❸ カラス

カラスは鳥綱スズメ目カラス科カラス属として分類されます。日本でみられるのは、ハシブトガラス、ハシボソガラス、ミヤマガラス、コクマルガラス、ワタリガラスの五種です。ここでは、日常で主に目にするハシブトガラス（図2―4―10）とハシボソガラス（図2―4―11）について紹介します。

● 特徴・生態

ハシブトガラス（*Corvus levaillantii japonesis Bonaparte*、英名：Japanese jungle crow）

体重は六五〇～八〇〇gで、体長は約五六cm、翼開長約一〇五cmです。嘴は約四・五～八cmで、顔面から大きなバナナのようにカーブがあり、先端が鋭く突出しています。上嘴（じょうし）の先端が下嘴（かし）の先端より少し長く鋭くなっています。足の形態は三前趾足（さんぜんしそく）といい、第一趾が後方を向き、第二～四趾が前向きで第三趾が最も長い趾になっています。この形態はハシボソガラスも同じです。

ハシボソガラス（*Corvus corone orientalis Eversman*、英名：eastern carrion crow）

体重は四五〇～七〇〇gで、体長約五〇cm、翼開長は約九〇cmとなります。ハシブトガラスより

図２－４－11　ハシボソガラス

図２－４－10　ハシブトガラス

一回り小さく、嘴も四～五㎝と小さく身近に見る小鳥の嘴を大きくした形です。

このカラスも日本中どんな所でも見かけます。しかし、一般的には都市部よりも、郊外の農村部に多く生息しています。大きな公園や河川敷の芝を歩いているのもこの種のカラスです。

ハシブトガラスは「カァ～カァ～」と比較的澄んだ鳴き声を発します。ただ、威嚇や仲間に危険を知らせる場合は、激しく「ギャーギャー」とも鳴きます。一方、ハシボソガラスは常時、頭を上下させ「ガァ～ガァ～」と濁った鳴き声を発します。ハシブトガラスの行動半径は、だいたい四～五㎞四方と報告されています。ただ、これまでの筆者の調べでは、一〇㎞以上も移動するカラスもいました。ハシボソガラスについての記録はありませんが、同様と考えられます。ハシブトガラスは地上に降りても長い距離は歩かず、摂餌など目的を達すると早めに木々に戻ります。一方、ハシボソガラスは広い芝の公園や田畑がある郊外で、芝の上や刈り終わった田んぼをノコノコ歩きながら飛散米をついばんでいることもあれば、昆虫をついばんでいることもあります。

巣作りは、三～四月です。マイホームができると、子育ての時期になります。子育ては、卵を温める時期（四～五月）、ヒナを育てる時期（五～

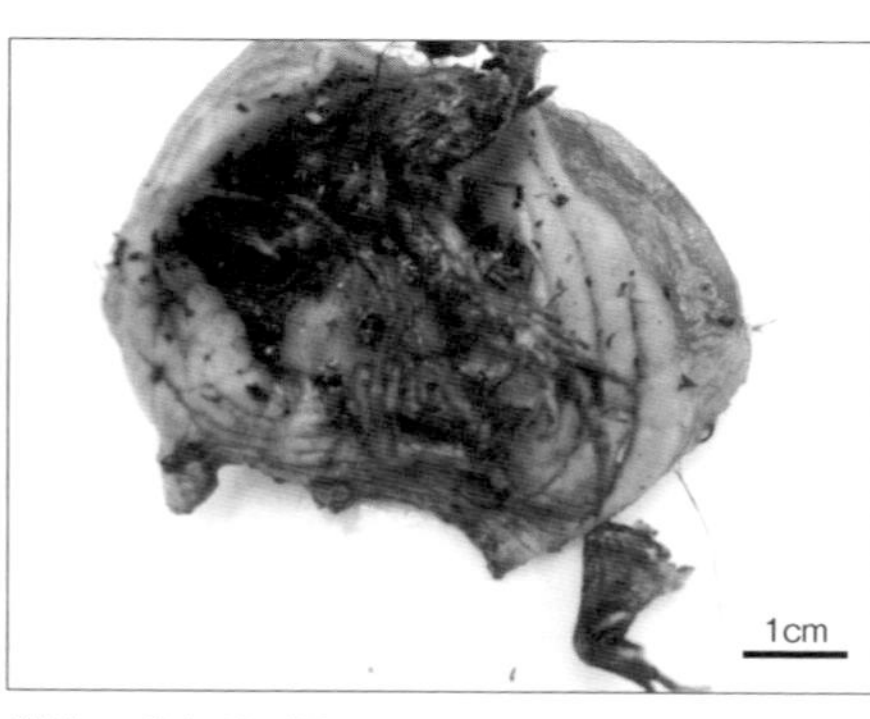

図2－4－12　ハシブトガラスの胃の内容：動物の毛などが見られる

六月）、幼鳥の巣立ちの時期（六～七月）、教育の時期（七～九月）に分けられます。

カラスの卵は、ハシブトガラスで重さ二三g、ハシボソガラスで二〇gあり、ウズラの卵の約二倍の大きさです。通常、カラスは二～五個の卵しか産みません。ヒナが誕生（孵化）してから巣立ちまでは、約一カ月半余りかかります。

どちらも雑食性ですが、ハシブトガラスは、小鳥のヒナや卵、カエル、死肉など動物の肉を好むらしく、どちらかというと動物性の餌に傾いています（図2－4－12）。また、酪農地帯では、家畜の飼料に含まれるトウモロコシなどを選択的についばみます。ハシボソガラスは、昆虫も食べますが、木の実、種子など植物性の物を好みます（図2－4－13）。田植えのころは田んぼにいる水生昆虫の幼虫なども食べます。また、一年中稲籾（いねもみ）を食します。最近は、コンバインで刈り取り、その場で脱穀をするので、田んぼに稲籾が常に落ちていて、カラスの安定した食料になっています。

●被害

カラスによる被害をみると、果実、スイカ、トウモロコシなど、主たる農産物の多くが食害に遭っています。また、家畜の餌も好み、畜舎に出入りすることが多いので、衛生面でも注意が必要です。二〇一九年度の統計によると、被害額は約一三億二九〇〇万円です。鳥類ではカラスによる被害が最も大きくなっています。

図2－4－13　ハシボソガラスの胃の内容：胃の中は米で占められている

●対策

置物の対策グッズは、本当に必要な時期、例えば種を蒔いてイタズラされる期間だけ設置し、できる限り対策グッズにカラスを慣れさせないことが大切です。二～三種、品を変えて日替わりとはいかないまでも、まめに交換するのも良いでしょう。地域で相談して、できるだけ違うものを置くことも必要かと思います。

このような置物と異なり、農家で評判が良いのは「テグス」です。労力、経費からみても現実的です。テグスは光の反射で光って見えるので、「防鳥テープ」と同じ役目も果たしますし、翼を引っかけるのではないかという警戒心を引き出し、回避作用があります。畜舎の管理にあたっては、窓や出入口に取り付けるネットカーテンなどが有効です。

●ジビエ的視点

ハシブトガラス、ハシボソガラスの胸筋には、タウリンという遊離アミノ酸が鶏やカモの六～七倍含まれています。タウリンは滋養強壮剤や栄養ドリンクに多く配合されている成分です。そう考えると、カラスの肉は健康に良いと言えるでしょう。鶏肉よりは、濃い味で噛み応えがあります。

❹ キョン

キョン（*Muntiacus reevesi*、英名：Reeves's muntjac、図2−4−14）は、シカ科ホエジカ属に分類されるシカの一種です。本来は、中国東部、台湾に生息し、日本には生息していなかった特定外来生物です。

●特徴・生態

体長七〇〜一〇〇cm、肩高四〇〜五〇cm、体重一〇〜一五kgで、少し寸胴な体型です。シベリアン・ハスキーやシェットランド・シープドッグなどの中型犬くらいの大きさです。背は茶褐色や赤褐色、腹面は淡い褐色に見えます。顔は鼻から頭頂に向けて、やや黒味を帯びています。雄には目の上から角の基部にかけて二本の黒線がみられ、短い角と牙があります。鳴き声は「グゲェーン、グャーン」と、山羊と猫の鳴き声を混ぜあわせた濁音が入った高く伸びるような声で、シカのそれとは大分異なります。シカと同じく偶蹄類なので、足跡は蹄が二つに分かれた形をしています（図2−3−15、16）。シカに比べると大きさはその半分程度です。

生息地は現在のところ比較的限られています。二〇一〇年時点で、千葉県の勝浦市、鴨川市、君津市、大多喜町など房総半島中央部全体の生息数は三八七三〜一万四九七三頭と推定されていましたが、現在はさらに増加しているとみられます。他の一つは伊豆大島で、二〇一九年時点では一万九六〇〇頭が生息していると推定されています。どちらも、キョンを移入した動物園から逃げ出し

図2－4－14　キョン：雌（大島公園動物園にて筆者撮影）
（4ページ、口絵11）

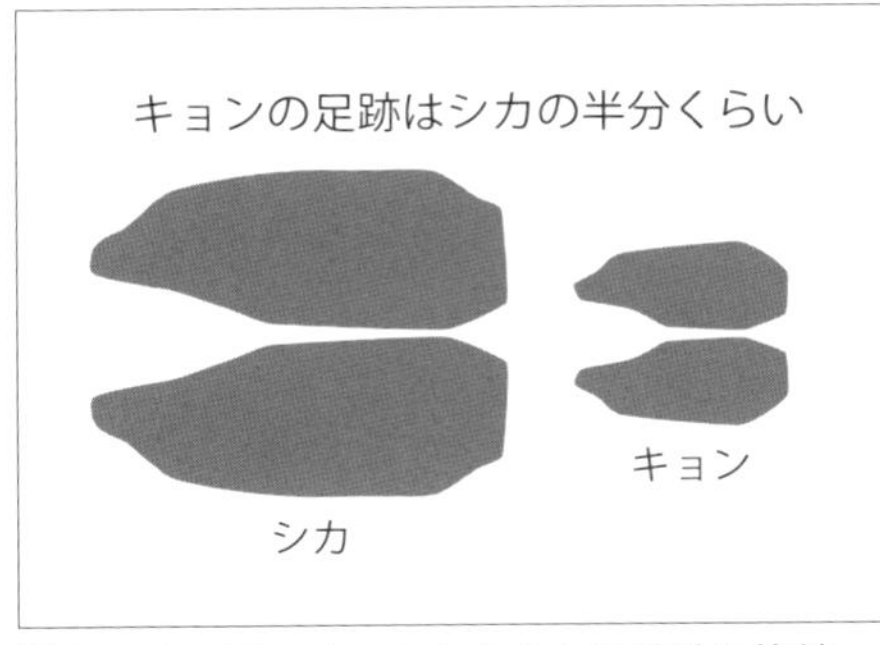

図2－4－16　キョンとシカとの足跡の比較

図2－4－15　キョンの足跡

た個体が繁殖し、野生化したものと考えられています。

キョンは森林、低木林に生息し、シカのように群れは作らず、単独で生活します。草食性で木の葉や果実など多くの植物を食べます。常緑広葉樹やカシなどの葉を好むことが知られており、絶滅危惧種の植物も食害に遭っています。生物多様性の面からも深刻な課題を引き起こしている動物です。繁殖形態は胎生で一回に一頭を出産します。年間を通じて繁殖可能と考えられていますが、千葉の例では五～一〇月に出生ピークがみられたという報告もあります。妊娠期間は約七カ月と言われています。成長は早く、雌では約七カ月、雄では約一〇カ月で成熟します。通年繁殖で妊娠期間が短く、成長も早い繁殖形態からも、個体数の増加率が高いことが分かります。

明け方や夕暮れに活動が盛んになります。行動範囲などはよく知られていませんが、千葉県の少数例の観察では、年間約七haという報告があります。縄張りの意識は強く、眼下腺からの分泌物を行動圏の木にこすりつけ、その臭いで縄張りを主張する習性があります。

●被害

農作物の多くがキョンの食べ物として適しており、イモ、キュウリ、イネ、トマト、柿、ミカン、スイカなどの食害が多く報告されています。伊豆大島では特産物のアシタバも被害が甚大で、二〇一六年の被害額は三八〇〇万円にもなっています。

●対策

農地と森林の境界の下草刈りをして見通しを良くし、キョンが警戒し、近づかない環境作りが大

図2－4－17　キョン捕獲ネット：行動域に広く設置
高さは腰よりやや高い（大島にて筆者撮影）。下部はゆとりをとって地面を這わせている。

事です。また、畑地を柵で囲うことも有効ですが、柵の高さは七〇cmくらいでは飛び越えられることが知られており、九〇cm以上が必要とされます。捕獲は箱わな、くくりわなで行います。おびきよせる餌は柿や米など良質の食物を使うのが良いと言われています。捕獲網の場合は、下部にゆとりを作り、地面に這わせると（図2－4－17）、角が網に絡まり、掛かりやすいようです。

●ジビエ的視点

肉質は柔らく淡白、脂も少なく、シカ肉より牛の肉に近くて食べやすいようです。薄切りにし、野菜とともに炒めものにすると良いと言われています。台湾では広く食されているようです。

ただし、小型の動物なので、肉の量は決して多くありません。一般的に牛肉などの歩留り（ぶどまり）が体重の約三〇％ですから、キョンはせいぜい三～四kgという計算になります。

（杉田昭栄）

❺ アナグマ

ニホンアナグマ（以下、アナグマ）は学名を*Meles anakuma*といい、イタチ科アナグマ属に分類されます。体重が四～一〇kg、頭胴長が五五～七〇cm程度の中型の日本固有の動物です（図2－4－18）。少し前まではヨーロッパアナグマ*Meles meles*の一亜種と考えられてきましたが、近年の遺伝学的・形態学的研究の進展により、独立種と見なされるようになりました。

●アナグマの基本生態

アナグマは本州以南の森林を中心に広く分布し、ミミズをはじめとする土壌動物や昆虫、果実などを主食とする雑食性の食性を示します。地中に巣穴を掘って暮らしています（図2－4－19、20）。三～四月に一～四頭の子を出産し、出産直後に雌が発情して巣穴前で待ち構えている雄と交尾します。この際、雄は低い特殊な連続音を発生して雌を巣穴から誘い出します。さらに、雌は複数の雄と交尾することが確認されています[1]。

その後、受精卵が発育を停止して着床遅延し、冬眠中に着床して出産のタイミングが冬眠明けの時期と同調します。日中の大半を巣穴で過ごし、日没前後に巣穴から出てきて単独で採食活動などを行う夜行性を示します。ただし、その日周活動には季節性があり、四～六月は育子・繁殖のために日中にも活動します。一〇～三月にかけては巣穴内での滞在時間が長くなり、一二～二月には体温が低下して巣穴内で冬眠をします[2]。

図２－４－18　アナグマの全身

図２－４－20　複数の入口がある複雑なアナグマの巣穴

図２－４－19　アナグマの巣穴

図2－4－21　アナグマのためふん

また、直径一〇～二〇cm程度の小さな穴を掘ってそこにふんをまとめて排泄する性質を持っています（図2－4－21）。この性質が同性間で五～四〇〇ha程度の縄張りを持って生活している他個体とのコミュニケーションに貢献すると考えられています。

●体の特徴

アナグマは土を掘るのに適した長い爪（図2－4－22）と短くガッシリとした四肢を持ち、穴掘りが得意です。地中に複雑な構造の巣穴を作り（図2－4－23）、総延長が四〇mに及ぶ巣穴が確認されています。[3] 近縁種のヨーロッパアナグマが高密度で生息するイギリスでは、一七八個の入口と五〇個の寝床を持つ、総延長八七九mもの巨大な巣穴が確認されています。[4] ブルドーザーのように掘った土をそのまま抱えて後方へと移動して掻き出すことができるため、巣穴の前には土の排出跡が溝状に残ることがあります（図2－4－24）。この溝状構造は同じように巣穴を使うキツネやタヌキでは認められない特徴です。

●主な農林水産被害とその対策

アナグマは一部の地域で、イチゴなどの農作物被害の加害動物となる他、[5] タヌキと同様に牛舎に侵入して濃厚飼料の盗食をすることが知られています。ただし、イノシシやタヌキと比べると、その発生頻度は高くないと考えられています。[6]

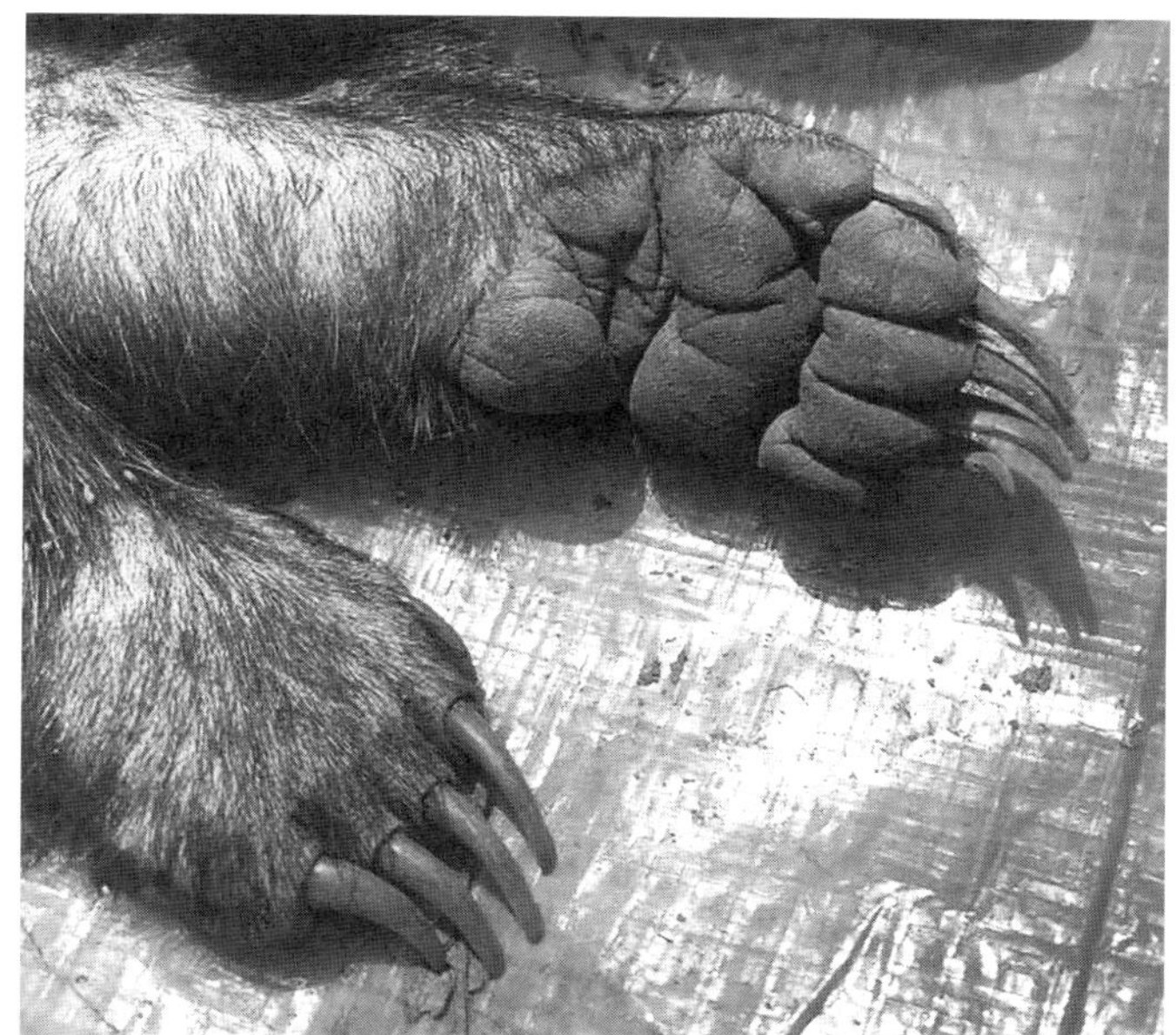

図２－４－22　アナグマの前足

図２－４－24　巣穴前の溝状の土の掻き出し跡

図２－４－23　巣穴の一部を掘り起こした様子

また、放牧地でイノシシのように地中の幼虫を採食することがあり、その場合に、イノシシほどではないものの小さな掘跡を残しますが、イノシシのような掘り起こし被害とは認識されていないようです。アナグマによる農作物被害は、下端の一部を地中に埋設した防護柵や地面から一〇cm程度の低い所に設置した電気柵により防除できます。(7)

図2－4－25　牧草地に出没したアナグマ

● 牧場に生息するアナグマ

これまで、アナグマは森林との結びつきが強い動物と考えられてきましたが、我々の研究室による牧場での生態研究から、イギリスに生息するヨーロッパアナグマと同様に牧草地を重要な生息地として利用することが明らかとなってきました（図2－4－25）。アナグマの主食となるミミズ類は、日本の山林ではフトミミズ科の一年生の種が優占しますが、冬を迎える前に個体数が減少してアナグマには利用しづらくなります。

一方、牧草地にはツリミミズ科に属する多年生の種が量的に多く生息しており、秋にも一定の個体数が存在します。牧場に生息するアナグマは、どうやらこのツリミミズ科のミミズを牧草地で頻繁に採食することにより、秋にもミミズを効率良く利用することができ、冬眠をしない期間全体を通して高頻度でミミズを採食できているようです。(8)

また、アナグマの生活の中心となる巣穴は、牧場では牧草地近くの林縁地域に集中分布していました。(9) 牧草地は見通しが良く、日中にも牧草地で採食活動に専念するアナグマの姿をたまに目撃することがあります（図２－４－25）。これまではあまり目にすることがなく、目立たない野生動物でしたが、牧場に生息するアナグマに注目することで、ジビエとしてだけではなく、観察可能な野生動物資源としても活用されることが期待されます。

●ジビエとしてのアナグマ

アナグマは「ムジナ」とも呼ばれ、タヌキと混同されながらもジビエとして古くから利用されてきた歴史を持ちます。全国の貝塚遺跡からはアナグマの骨が出土しており、先史時代からアナグマが食料として利用されていたと考えられます。また、たぬき汁として食されていたのはタヌキではなく、もっぱらアナグマだったという説もあり、タヌキと比べて臭みが少なく脂身も多くて、イノシシに似た美味しい肉との評価もあります。

二〇一五年にオープンした東京のあるジビエ専門店（現在は閉店）では、アナグマの肉をすき焼きで食べることができました。当時アナグマを研究していた学生がその店でアナグマの肉を食べたところ、大変美味しかったと言っていました。

（塚田英晴）

column

ジビエ動物と畜産

本書は野生動物をジビエとして活用し、日本の畜産業の一翼を担ってもらうことを提案しています。こうした取り組みが本格化する以前から、ジビエの対象となる野生動物と畜産業との間には密接な関係がありました。

畜産業では家畜の餌である牧草や飼料作物を生産・備蓄していますが、これらの飼料は栄養価が高く消化性に富んでいるために野生動物にも魅力的な餌資源となります。そのため、多くの野生動物がこうした餌資源を求めて畜舎や牧草地などの畜産現場にやって来て、畜産業に携わる人々を悩ませる原因となっています。

畜産現場に現れる代表的な野生動物は、ニホンジカやイノシシです。ニホンジカは、牛のために生産されている牧草を食べに、群れで牧草地に出没し(図1)、さらに冬季用の備蓄飼料であるロールベールに穴を開けて中身を食べてしまいます(図2)。イノシシは、牧草地の地中に潜む昆虫の幼虫や栄養価の高い根茎類を求め、牧草地に現れて地面を掘り起こします(図3)。さらに牛舎にも出没し、牛を太らせるための餌である濃厚飼料を盗み食いします(図4)。こうした動物に加えて、タヌキ、ツキノワグマといった雑食性の動物も、牛舎へ現れて濃厚飼料の盗み食いをします(図5)。

また、野生動物は粗飼料・濃厚飼料への被害だけでなく、感染症を家畜へ媒介することもあります。そのような被害を防ぐため、畜産現場では金網柵や電気柵を設置したり、追い払いや駆除活動をしたりするなど、知恵をしぼりながら日夜その対策に取り組んでいます。

野生動物をジビエとして積極的に活用することは、野生動物による畜産被害に悩まされていた畜産関係者には一つの光明と言えるでしょう。加害個体を減らすことに役立つだけでなく、ジビエ活用によ

図１　牧草を食べに牧草地に出没したニホンジカの群れ
（４ページ、口絵12）

図２　ニホンジカがロールベールを採食

図３　イノシシによる牧草地の掘り起こし被害

図４　肥育用牛舎に濃厚飼料を食べに現れた２頭のイノシシ

図５　肥育用牛舎の濃厚飼料を食べに現れたタヌキ

る利潤が期待できれば、こうした被害対策にかかるコストの捻出にも役立てられるからです。

そのため、野生動物のジビエ活用は、畜産被害対策と併せて一石二鳥の効果をもたらすことが期待されています。

さらに畜産現場を野生動物が現れる場所として捉えると、ジビエとしてだけでなく、野生動物を見て楽しむための資源として活用する場と見なすことができ、エコツーリズムの現場として観光振興に役立つ可能性も期待できるでしょう。

（塚田英晴）

column

ジビエ・エコツーリズム
～ボスニア・ヘルツェゴビナの先駆的試みと日本の事例～

❶エコツーリズムとは

一九八〇年代に国連では、持続的な資源の利用と開発を実現する在り方として「エコツーリズム」の推進を提唱しました。エコツーリズムとは、地域資源の持続的な保全が地域社会の活性化につながるように、自律的な観光を用いて実現させようとする「社会運営の仕組み作り」と言えます（図１）。

その実現には「自然や文化資源の保全はその資源と最も密接な地域住民の参加と協力なしには実現せず、地域住民の主体的な参加があって初めて資源の持続的な保全が図れる」としています。すなわち、エコツーリズムを受け入れ、推進しようとする地域において、エコツーリズムとは、まず地域の人々が自らの自慢する「地域の宝」を旅行者に紹介し、そのすばらしさを理解してもらうことを通じて地域の誇りを高めていく運動なのです。この「地域の宝」には次のように五つあります。

〈１〉「自然の宝」　動植物、自然の風景、気候、川、地形など、人々の生活と関わりを持ってきた自然要素。

〈２〉「生活の知恵の宝」　郷土食、織物、薬草、工芸技術などの生きるために自然をうまく利用し、あるいは現在ある恵みを巧みに利活用してきた生活の中に伝わる、生きるための知恵の体系。

〈3〉「歴史文化の宝」　お祭り、石仏、史跡、伝説や言い伝え、古文書など、地域の人々が外との交流を通じて他の地域との関係を深め、先人たちが地域に蓄積してきた歴史・文化の継承遺産。

〈4〉「産業の宝」　地域を代表する物産、工芸品、農産品、ブランド商品など、外部の人々に地域の魅力を伝える役割を果たすもの。

〈5〉「名人の宝」　地域で地道な活動をしている人たち個人個人の頭の中に知恵や技を蓄え、社会を支えている人、地域の精神を支えてきた人、地域の新しい世界を作ろうとしている人の知恵袋。

図１　エコツーリズムの三角形

ここではまず「自然の宝」の一つである野生動物の活用によって国おこしを始めた「ボスニア・ヘルツェゴビナ」の例を紹介したいと思います。

❷ジビエツーリズムとボスニア

ボスニア・ヘルツェゴビナは、ムスリム人、セルビア人、クロアチア人による多民族国家です。以前はユーゴスラビアという国の一部でしたが、一九九一年にセルビア人の民族浄化運動による壮絶な紛争が発生しました。つい最近まで仲良く住んでいた隣人同士、家族同士の殺し合いは民族相互の簡単には解きほぐすことのできない不信と亀裂、社会不安を生み出しました。

図２　森の湖（ボスニア・ヘルツェゴビナ）

一九九五年、紛争は終結し、ボスニア・ヘルツェゴビナとして独立しましたが、紛争を避けるため地域から離れた人々はなかなか元の地に戻ってくることはできない状況でした。そして、その結果として慢性的な人材不足、構造的な経済低下に陥ったのです。残った産業といえば小規模な農林業だけという状況でした。

そのような状況でしたが、ボスニア・ヘルツェゴビナの地域住民は、難民帰還を促し経済の活性化を生み出そうと立ち上がったのです。「山深いボスニア・ヘルツェゴビナで何の産業が起こせるか？　幸い美しい山と渓谷、湖と山村風景は国内にあふれている、これを商品にして外国人客を呼び込もう」（図２）という発想で二〇〇二年以来、ＪＩＣＡ（国際協力機構）の支援を受けながら、政府に頼らずに住民主体で活動を始めたのです。

一カ所にかつての各分野、産業の三民族の代表が集まり、商品にできる自慢の宝は何かという話し合いを開始しました。当初はそれぞれ二〇以上を超え

図３　宝探し会議の様子

る自慢の宝が出されましたが、三民族が同じテーブルで話し合うことはなく、対立の溝の深さをまざまざと見せつけられました。しかし二〇回以上の宝探しの自慢会議が行われるなかで、最終的に課題選択が行われ、三民族合同の共同作業としてお互いが認め合う地域おこしプロジェクトを実施することになったのです（図３）。

その一つが、セルビア系住民の青年会が考えたエコツアー体験プログラムです。これは、ボスニア・ヘルツェゴビナ北部に位置するベレジュ山で野生動物を管理していた森林管理事務所周辺で、住民が日常的に自然管理で行っていた活動をもとにしたものです。具体的には「森林植生観察」「ハンティング」、「ジビエ食の提供」といったプログラムがあります（図４～６）。このようにして、東欧発のジビエプログラムによる国おこしエコツアープログラムが誕生しました。

これらのエコツアープログラムは、当時、共産圏に属していた地域で、その地域の住民が再認識した

図４　自然観察ルートからハンティング場所へ

図５　ハンティングのための野生動物監視小屋

図６　ハンティングにも
使用する森林管理官の銃

「地域の宝」であり、自らの誇りを自己主張しながら経済の活性化につなげていこうとする試みでもあると言えます。このエコツアーは今も試みの真最中で、ジビエ食のメニューも開発途上です。

どこまで経済の活性化に寄与するのかは未知数ですが、一つだけ確信を持って言えるのは、紛争で多くのものを失った住民・民族が、かつての野生動物との関わりの文化を「誇り」と再確認し、美しい山と渓谷、湖と山村風景を財産として守り続けていこうと、生き生きと活動しているということです。いつか東欧の平和の象徴として、ジビエ食が代表的なメニューとなることを期待しています。

❸日本のジビエ・エコツーリズム事例

近年、日本各地で野生鳥獣による農作物の被害が拡大しているなか、これらの被害防止と、農村地域における所得向上および地域の活性化を促す手段の一つとして、ジビエ・エコツーリズムが導入されています。次にその取り組みの事例を紹介します。

①檜原(ひのはら)村の取り組み

東京都西多摩郡の檜原村では、地域の宝を活かした観光まち作りを推進しようと、二〇一六年から「エコツーリズム推進による村おこし活動」が始まりました。二〇一八年一月に第四回ジビエサミット「ジビエが動く、観光も動く『はじまる！国産ジビエの本格流通』」が鹿児島県にて開催されました。この大会を契機に、村の活性化を推進するため、檜原村地域の宝である「狩猟」を檜原村の観光産業に取り入れることになりました。

村の中でも高齢化が著しい「限界集落」と言われる藤倉地区で活動する狩猟チーム「檜原大物クラブ」によって、二〇一八年三月に「檜原村野生鳥獣利活用推進協議会」が設立されました。協議会は、「狩猟体験エコツアー」などを通して檜原村の豊かな自然を知る・訪れるきっかけを作ることを活動方針としています。

〈ジビエ料理体験教室の開催〉

観光客にとって檜原村の価値を上げるためには、「食」が重要なポイントとなります。この食の資源として、有害鳥獣駆除事業で捕獲された野生動物の鳥獣肉は、貴重な食材と言えます。

そこでこの食材と地域の農産物を使用した料理教室をツアーに組み込み、参加者の満足度を上げ、ツアーの単価を上げることが可能と考え、自然体験ツアーを実施しています。

〈ツアーガイド〉

自然体験ツアーの満足度を上げるために、参加者への有効な働きかけにとって重要な要素となるツアーガイドの育成を行っています。と同時に、猟期外の檜原村の環境資源を活かしたツアーの開発（登山道から一歩中に入り、猟師と歩く森林散策、アニマルトレッキング、水遊びツアーなど）、食と宿泊の組み合わせによる狩猟体験・自然体験ツアーの付加価値向上を行い、参加客の客単価向上を目指しています。

以上の方針のもと、「檜原村野生鳥獣利活用推進協議会」の活動はまだ始まったばかりですが、女性メンバーや地域協力隊の若手メンバーなども巻き込みながら、鳥獣被害の防止、地区内での住民交流の活性化による定住促進、所得の向上、「食」ブランドの確立、宿泊など他の産業との連携などを目指して活動を進めています。

②南丹(なんたん)市美山(みやま)町の取り組み

丹波山地の東端に位置する京都府南丹市美山町は、二〇一四年一一月に「南丹市美山エコツーリズム推進全体構想」の認定を受けて以来、かやぶきの里の集落や京都丹波高原国定公園に含まれる芦生(あしお)の森など、地域の伝統的な暮らしや豊かな自然環境を活かしたエコツーリズムを実施しています。

美山町でエコツアー体験プログラムを企画、実施するにあたり、三つの視点を基本的な企画項目と定めて活動を行っています。それは、①自然や景観、生物の多様性を守り、伝統的文化や民族の継承に役立つ内容の企画、②旅行者や住民の考えや行動が、自然や環境と調和する理念の形成に役立つ内容の企画、③旅行者のみならず、ツアー受け入れの体験を通して、住民が、自然や景観、日常の生活の営みを熟視し、価値観を形成することにつながる内容の企画の三つです。この基本的な動きのなかで、美山町の合併町村の一つである旧知井（ちい）村の猟友会「知井班」が解体場を作り、シカ肉レシピを考えて、販売などで普及させるキャンペーンを行ってきました。この地区をベースに活動する事業者「田歌舎（たうたしゃ）」では、「シカ肉ソーセージ作り」、「鶏・シカの解体教室」、「山村体験」、「アウトドア・アクティビティ」、「暮らし体験」など美山町の自然や生活文化を体験する三〇種類以上に及ぶ様々なツアーを提供しています。

このうちジビエをテーマにしたプログラムは、狩猟、解体、そのミックスプログラムの三種類、さらにジビエに関しての視察プログラムツアーの企画などを実施しています。

例えば「シカ肉のソーセージ作り」のプログラムでは、参加者は単にソーセージ作りを楽しむだけではありません。自らの手でシカ肉のソーセージを作る過程を通じて、農作物や人的被害を及ぼしている害獣である野生鳥獣の現状を知り、食品として活用することが、これら害獣対策につながることを理解することもプログラムの目的です。

また、シカの解体教室には、自らシカの解体を体験することで、山里の狩猟文化や伝統的な暮らしを体験しつつ、命の大切さを学ぶ視点も含まれます。このようなジビエを活用した体験プログラムは、二〇一五年一〇月に美山町で開催された全国エコツーリズム大会「人と自然をつなげる伝統の知恵」で「森の命をいただく、鹿狩り&解体体験ツアー」として参加者にも提供されました。以来、大会は続いており、二〇二〇年二月には第4回京都美山エコツーリズム大会として開催されました。狩猟やショートステイなど、自然と文化の共生を伝える体験型のツアーが用意されています。

（真板昭夫）

第3章

ジビエを美味しく食べるための基礎知識

1 ジビエの栄養

これまで紹介されてきたように、ジビエ（gibier）とはフランス語で狩猟鳥獣のことです。同様にソバージュ（sauvage）とは、食材として捕獲した野生鳥獣を意味しています。さらに、野生鳥獣を一定期間飼育した場合は、デミ・ソバージュ（demi sauvage）と呼ばれます。わが国の狩猟鳥獣は鳥類二八種、獣類二〇種です。狩猟とは銃砲やわななどの法定猟具を使って狩猟鳥獣を捕えることです。また、狩猟期間は地域により一カ月ほど前後しますが、毎年一一月から翌年二月までです。狩猟には、銃砲を所持するための許可や猟具を使用するための免許、さらには狩猟の許可が必要です。これまでは狩猟者が捕らえた獲物は剥製として飾られたり、肉は狩猟者自身が食べたり、地域的な名産料理として扱われてきました。しかし、近年ではシカの個体数（頭数）が急速に増加して農林業被害が拡大しました。このため狩猟とともに、有害捕獲（管理捕獲）により個体数を減らすことになりました。そして捕獲されたシカを食資源として活用することにより、地域経済の活性化に結びつけた取り組みが行われるようになりました。

ところで、ジビエ肉の印象としては、「臭い、汚い、硬い」という3Kのイメージがあります。その理由は何かと言えば、実際に「食べたことがない」からでしょう。また、食べたことがある人のなかには、「不味い」との感想をお持ちの方もいらっしゃるかもしれません。それは強い香辛料や畜肉と同じ調理法によることに起因しているのかもしれません。そこでここでは、ジビエ肉の特性を理解し、調理方法と味の関係などを知ることによってジビエの栄養を考えることにしましょう。

❶ ジビエ肉のイメージ

ジビエ肉につきまとう「臭い、汚い、硬い、不味い」というイメージはどこから来るのでしょうか。わが国の食文化をみると、イノシシ肉は縄文時代から食べられていました。また、天武四年（六七五年、飛鳥時代）の詔勅（第四〇代、天武天皇）により、牛、馬、犬、サル、鶏の肉を食べることが禁じられました。さらに天平一七年（七四五年、奈良時代）と天平勝宝四年（七五二年、奈良時代。この年に東大寺大仏が完成）には、仏教の不殺生戒により一切の殺生が禁断され、肉食禁制が布告されました。そして大型の家畜は次第に食べられなくなり、肉食には「穢れ（けが）」という印象が加えられるようになりました。

その一方で、「薬食い（くすりぐ）」と称してシカやイノシシが食べられていました。また、シカ肉を「紅葉（もみじ）」、イノシシ肉を「山鯨（やまくじら）」あるいは「牡丹（ぼたん）」と呼びかえて食材にしていました。畜肉である鶏肉は「柏（かしわ）」、馬肉は「桜（さくら）」と呼ばれていました。そして江戸時代になると「ももんじ屋」が畜肉とともに野生鳥獣の肉も取り扱い、飲食の場（現在の食堂やレストラン）を提供していました。

こうした食文化が大きく転換したのは明治時代になってからで、欧米の家畜飼育の知識や技術が伝えられ、肉食文化の影響が広まりました。そして、有畜農業や畜産の振興により、畜肉の生産と消費が拡大するようになりました。同時に、野生鳥獣肉の消費は急減し、またその市場もなくなっていったのです。このため現状では野生鳥獣の肉（ジビエ肉）を食べる機会が失われてしまい、ジビエ肉といえば、「臭い、汚い、硬い、不味い」というイメージだけが残ってしまったように思われます。もちろん、狩猟現場での解体作業を見た人たちにとってはあまり衛生的には受け止められず、「汚い」イメージや調理された肉の「硬さ」のみが強く印象に残ってしまったのかもしれません。

❷ ジビエの肉質

牛や豚などの畜肉の場合、肉質は取り扱われる段階（生産者、食肉業者、小売業者および消費者）や食品衛生あるいは栄養などの視点から様々な指標によって評価されます。ジビエ肉の場合では、歩留り（個体から得られる肉の量）、肉の色、脂肪の付着度合い、きめやしまり、調理した時の多汁性、フレーバー（香りと味）、栄養成分などがあります。

捕獲されたシカ肉の利用部位はロースとモモが主体であるため、現在のところ、歩留りはあまり高くありません。

肉（筋肉）の色はミオグロビン（多数のアミノ酸からなるグロビンと色調を発現させるヘム分子から構成される）によるものです。このミオグロビンの量は、動物の年齢、性別、筋肉の部位、運動量などによって異なっています。ジビエ肉の色調が畜肉よりも濃い（図3－1－1）理由としては、野生下での運動量との関係が指摘されています。すなわち、筋肉内でのエネルギー発生に必要な酸素を貯蔵するために、ミオグロビンの蓄積量が多いと考えられています。もちろん、死後の肉では還元型のデオキシミオグロビンによりやや暗い紫赤色になります。また、肉の断面が空気（酸素）

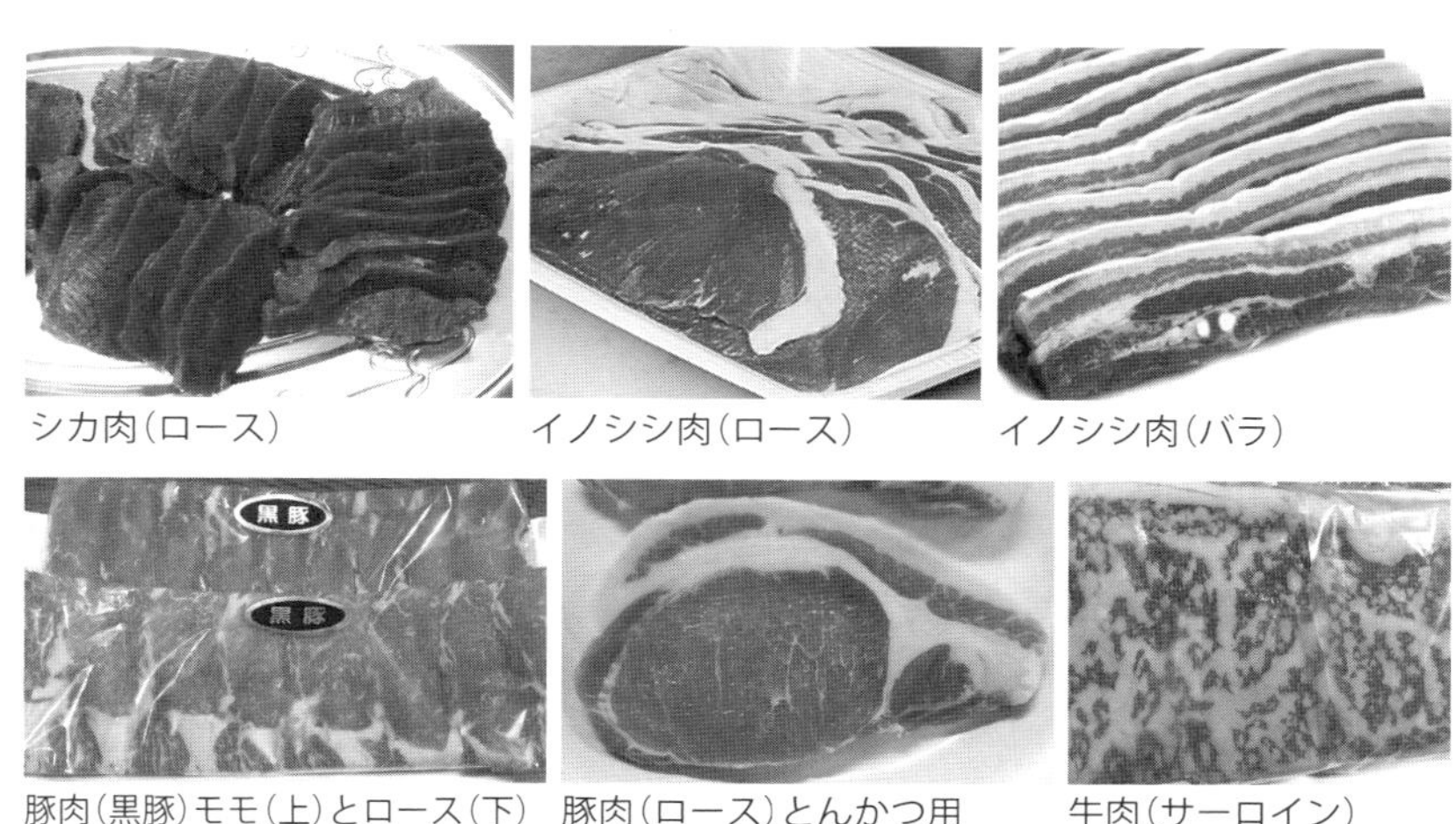

シカ肉（ロース）　イノシシ肉（ロース）　イノシシ肉（バラ）
豚肉（黒豚）モモ（上）とロース（下）　豚肉（ロース）とんかつ用　牛肉（サーロイン）

図３－１－１　ジビエ肉と畜肉の例
（４～５ページ、口絵13～18）

に触れると、酸素型のオキシミオグロビンを生じて鮮赤色に変化します。ハムやソーセージでは、塩漬（えんせき）材料の亜硝酸塩の還元作用により赤色を示します。

肉（筋肉）の硬さは、死後硬直とその後の解硬過程が大きく関係しています。死後、血流が停止するため筋肉中のタンパク質は酸素供給が絶たれ、好気的な代謝が停止します。しかし嫌気的な代謝は継続しているため、筋肉中のＡＴＰ（エネルギー生産物質）が消費され、乳酸が生じます。これにより筋肉中のｐＨ（酸性度）が低下し、やがて嫌気的な代謝も停止します。この間、体温（肉の温度）も次第に低下してくるので、硬直中の肉は再び軟らかくなります。さらに、筋肉細胞中に残存するタンパク質分解酵素によって筋源繊維が小片化します。この過程がいわゆる「熟成」で、肉の風味が増すようになります。畜肉では二～五℃で保存した場合、牛肉では五～七日間を要します。一℃で熟成された牛肉は一〇～一四日間で市販されます。和牛肉では一～二カ月間の長期保存（熟成）される場合もあります。しかし、ジビエ肉の適正な熟成期間については、まだよく知られていません。流通期間からみると、五～七日間くらいになると考えられます。

家畜の事例では、屠殺前の動物に栄養状態の違いがあったり、強いストレスを受けたりしていると、死後硬直の過程で乳酸生成の速度が通常とは異なり、筋肉中のｐＨが大きく変化します。その結果、肉の硬さや色調、液汁浸出などに影響を及ぼすことが知られています。ジビエ肉でもこうした知見をよく理解して、捕獲や屠殺の方法、運搬時の温度管理、肉の処理加工および貯蔵方法に留意する必要があります。

❸ ジビエ肉の特性

近年では、食品成分の一次機能（栄養素の補給）だけではなく、二次機能（味や香りを楽しむ）や三次機能（病気の予防や免疫力の向上）にも関心が高まってきました。

シカ肉の一次機能（肉の成分）については、日本食品標準成分表（表３－１－１）に収録されています。シカ肉は牛肉（和牛）や豚肉に比べ、エ

表３－１－１　シカ・イノシシの肉と牛・豚・羊の肉の栄養成分比較

	エネルギー (kcal/100g)	タンパク質 (g/100g)	脂質 (g/100g)	鉄分 (mg/100g)	亜鉛 (mg/100g)	ビタミンB2 (mg/100g)	ビタミンB6 (mg/100g)	ビタミンB12 (μg/100 g)
イノシシ[1)	268	18.8	19.8	2.5	3.2	0.29	0.35	1.7
アカシカ[2)	110	22.3	1.5	3.1	3.1	0.35	0.54	0.6
ニホンジカ[3)	147	22.6	5.2	3.4	2.8	0.32	0.55	1.3
牛[4)	317	17.1	25.8	2	4.2	0.17	0.35	1.4
豚[5)	253	17.1	19.2	0.6	1.6	0.23	0.28	0.5
めん羊（マトン）[6)	225	19.8	15	2.7	2.5	0.21	0.32	1.3

1)〈畜肉類〉いのしし　肉　脂身つき　生
2)〈畜肉類〉しか　あかしか　赤肉　生
3)〈畜肉類〉しか　にほんじか　赤肉　生
4)〈畜肉類〉うし　［和牛肉］　サーロイン　赤肉　生
5)〈畜肉類〉ぶた　［大型種肉］　かたロース　脂身つき　生
6)〈畜肉類〉めんよう　［マトン］　ロース　脂身つき　生

出典：日本食品標準成分表2015年版（七訂）

ネルギーと脂質が少なく、タンパク質や鉄分が多く含まれています。このためシカ肉は、高タンパク質、低脂肪、低カロリーと考えられています。また、可食部一〇〇gあたりの鉄分はシカ肉では三・一mgで、豚モモ肉（〇・七mg）よりも多く含まれています。一般に鉄分の吸収率は四〇%程度と考えられていますが、ジャガイモや野菜などのビタミンCを含む食材と一緒に食べると、吸収率は一・五倍になります。成人の場合、一日あたりの鉄分必要量は男性九・五mg、女性一〇・五mgとされていますので、シカ肉を二〇〇g食べると必要量の六〇%くらいをカバーできることになります。

❹ ジビエ肉のタンパク質と機能性

筋肉を構成するタンパク質はアミノ酸から構成されています。このアミノ酸には、美味しさに関わるアミノ酸と生体の調節に関係するアミノ酸のあることが知られています。美味しさに関わるアミノ酸としてよく知られているものには、コンブに含まれるL－グルタミン酸や鰹節に含まれる5'－イノシン酸があります。また、シイタケには5'－グアニル酸が含まれています。これらは栄養成分の二次機能として扱われています。

一方、生体の調節に関係する機能は三次機能と呼ばれます。具体的には、肝機能や免疫機能の改善、血圧降下作用、脳機能の向上、疲労回復、抗酸化作用など、細胞機能や健康維持に関連した働きのことです。生体には細菌やウイルスが体内に侵入することを防いだり、体内で生じた腫瘍などの異物を排除しようとする機能があり、一般には免疫作用と呼ばれています。免疫細胞の栄養源や

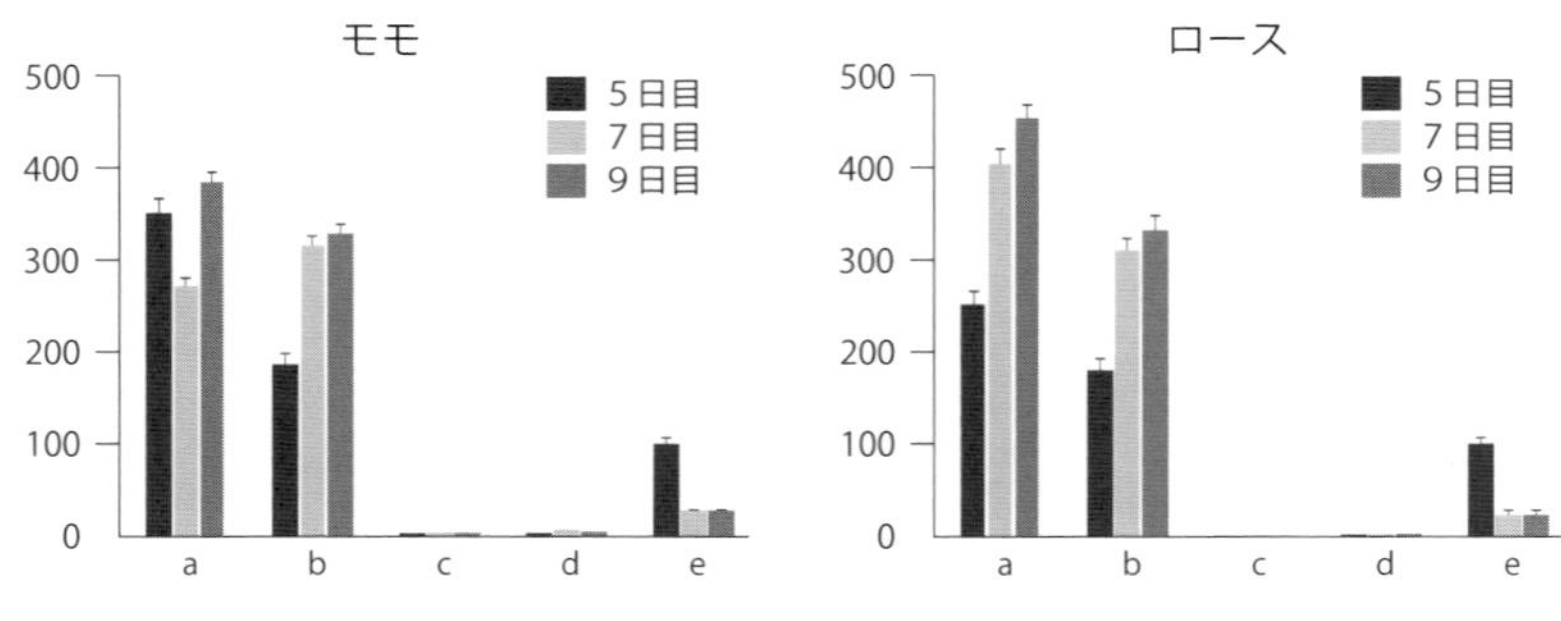

a:カルノシン　b:アンセリン　c:オルニチン　d:シトルリン　e:タウリン

図3－1－2　シカ肉の遊離アミノ酸含量とその経時的変化（mg/100g）

免疫機能の発現にもアミノ酸が関係しています。例えば、カルノシンはβ－アラニンとL－ヒスチジンが結合したもので、鶏肉や馬肉に含まれ、活性酸素を抑制する働きのあることが知られています。アンセリンは動物の筋肉に含まれるペプチドで、疲労回復、血圧降下、尿酸値の降下作用が知られています。タウリンにも血圧降下作用があります。

こうした三次機能を持つアミノ酸は、シカ肉にも含まれているのでしょうか。著者らは、本州の関東以西および九州において狩猟や管理捕獲されたシカ肉についてアミノ酸組成を調べました。その結果、シカ肉（ロースおよびモモ）一〇〇gあたり、カルノシンが二三〇～三八〇mg含まれることが分かりました。また、カルノシンに次いで、アンセリンやタウリンも多く含まれています。オルニチンやシトルリンはかなり少なく、五mg以下でした。これらの機能性に関するアミノ酸の含量は、季節あるいは捕獲された地域によって違いがあることも分かりました。さらに、シカ肉ロース部のカルノシンとアンセリンの含量は熟成により増加することも分かりました（図3－1－2）。現状では分析数が少ないため、これからもデータを蓄積し、機能性成分の特徴を把握していくことが望まれます。

❺ 脂肪の質

本稿で述べたとおり、シカ肉は低脂肪ですが、イノシシ肉はどうでしょうか。豚はイノシシから家畜化されました。また、畜肉の脂肪については牛肉の霜降り（マーブリング）としてご存じの方も多いことでしょう。そこでイノシシ肉の脂肪の質、特に脂肪酸の特徴についてみていきましょう。

栄養学では脂肪（脂質）はタンパク質や炭水化物と同じく三大栄養素の一つです。また、実験動物に脂溶性ビタミンを十分与えても成長や生殖が著しく阻害されることから、脂肪には別の重要な栄養成分が含まれていることが指摘され、その主体は脂肪酸であることが見出されました。そして人ではリノール酸、α-リノレイン酸、アラキドン酸が必須であることが分かりました。これらの脂肪酸は皮膚の疾患や視力低下の改善に効果のあることが認められました。

イノシシそして家畜の豚や牛が採食する餌や飼料には脂肪が含まれており、消化分解されて、グリセロールと脂肪酸になります。脂肪酸には上記の三種類以外に三〇種類以上に区分されています。また、脂肪酸の化学的な構造から炭素原子に二重結合を持つ不飽和脂肪酸と二重結合を持たない飽和脂肪酸に分けられます。不飽和脂肪酸はさらに二重結合の数やその配置場所の違いから区別されています。

豚肉の脂肪酸組成の特徴はオレイン酸（一価不飽和脂肪酸）が最も多く（約四二%）、次いで飽和脂肪酸のパルミチン酸とステアリン酸がそれぞれ約二六%と約一五%程度となっています。牛肉もオレイン酸が最も多く（約五〇%）、パルミチン酸やステアリン酸の割合は豚肉とあまり変わりません。リノール酸（多価不飽和脂肪酸）については、牛肉（約三％）よりも豚肉（約八％）の方が多いことが知られています。一方、著者らが調べたイノシシ（一二頭）のロース部脂肪についてみると、オレイン酸が四六％、パルミチン酸が二六％、ステアリン酸が一一％でした。また、リノール酸は約八％でした。これらの結果から、イノシシ肉の脂肪酸組成は豚肉と類似していることが分かります。しかし、豚肉の脂肪酸組成は給与する飼料材料によって変化することも知られています。同様に、イノシシの場合でも採食する植物（茎葉や種実を含む）や動物（昆虫など）の種類や生育段階によって、脂肪酸組成にも影響を及ぼすことが想定されます。すなわち、イノシシの生息地環境やその季節によって脂肪酸組成が異なることが予想されます。このことはイノシシの捕獲場所による違いを生じることになり、経済的には地域間での肉質の違いは新たな付加価値となる可能性があります。

❻ ジビエの美味しさ

食品の美味しさを評価することは、かなり難しい問題を含んでいます。それは「美味しさ」は多数の因子によってできあがっているためです。また、「蓼（たで）食う虫も好き好き」という格言のように、人それぞれによって異なった嗜好があるからです。

食品を調理する場合、基本の五味（甘味、塩味、酸味、苦味、うま味）は広く知られるようになりました。この五味に辛味、渋味、えぐ味、こく、の因子を加えると「味」となり、さらに、香り、色、光沢の因子が加わると「風味」となります。そして食品の外観、形状、テクスチャー（食感）

という因子を加えて、ようやく「美味しさ」にたどり着きます。もちろん、美味しさは食に対する生活習慣や体調、食事する際の心理状態などにも影響されますので、「美味しさ」の評価は単純には解決できません。

こうした様々な因子の中で、美味しさの要因として、味、風味、食感を対象としてシカ肉やイノシシ肉の調理品（図3－1－3）などを対象に官能評価を行ってみました。もちろん官能評価者はあらかじめ五味の識別や強度について一定の学習経験者です。その結果、シカ肉（モモ肉とロース）を砂糖、醤油、みりん、酒などを加えた調理液で煮た場合、あるいは塩胡椒で焼いた場合、どちらの調理方法でもうま味、こく、香り、食感はいずれも高い評価を得ました。イノシシ肉（モモ肉とロース）の場合でも、同様の調理方法により甘味、うま味の評価が高く、こくや風味の評価も高い結果となりました。シカ肉とイノシシ肉では、特有の香りに高い評価のあることも共通していました。これは赤身肉を焼いた時に生じる香りで、好ましいと評価されたものです。また、シカ肉よりもイノシシ肉を美味しいとする評価もあり、これは肉の脂肪の融点と関係していることがうかがわれました。すなわち、体脂肪の融点は動物種による違いが知られています。例えば、タロー（牛脂）は四〇～五〇℃、ラード（豚脂）は三〇～三四℃です。シカ肉脂肪の融点はおよそ四五℃、イノシシ肉では二八～三〇℃とされています。このため、官能評価で供された調理品を口に入れた時、脂肪の融点の低いイノシシ肉の方がシカ肉よりも好まれたことが考えられます。

以上のように、美味しさは様々な要因から構成されており、シカ肉やイノシシ肉の利用部位と調理方法を組み合わせると、多様なメニューが創出されることになるでしょう。また、うま味との関係では、最近では牛肉の熟成（ドライエイジング）に関心が持たれるようになりました。シカ肉で

シカ肉：ロースのチャーシュー

シカ肉：ロースのロースト

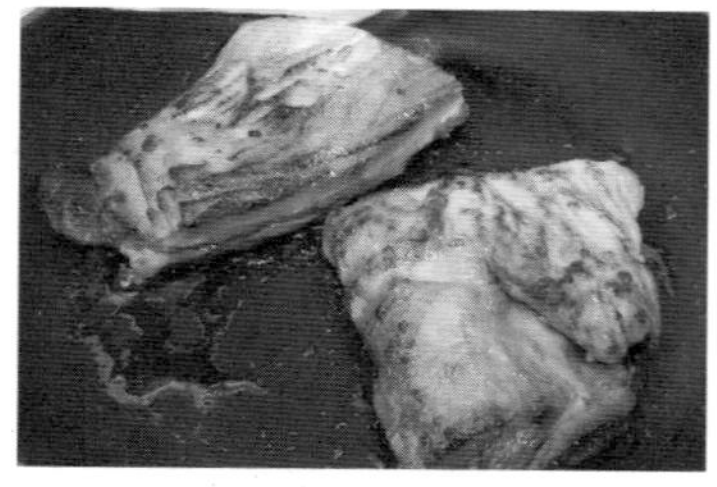
シカ肉：モモ焼き

シカ肉：テリーヌ

シカ肉：ロースカツ

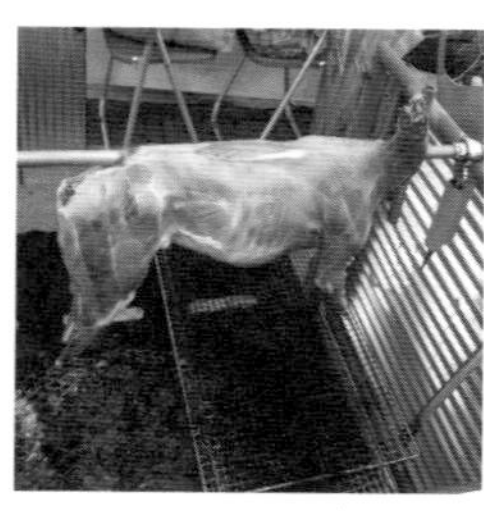
シカの丸焼き
（第２回日本ジビエサミット福岡会場にて撮影）

イノシシ肉：ロースのチャーシュー

イノシシ肉：ロースの煮込み

図３－１－３　シカ・イノシシ肉の調理法の例

は不飽和脂肪酸が多いことから、ドライエイジングで長期保存すると酸化により臭気を生じることが予想されるなど、ジビエ肉でも保存技術について検討が進められることでしょう。

❼ ジビエ肉の調理

次いで、二次機能について調理方法との関係をみてみましょう。シカ肉は筋肉繊維が細いため、畜肉用のレシピをそのまま利用すると、塩分が強く、濃い味つけになってしまいます。このため使用する調味料などの量を半減させたり、漬け込みなどの処理時間を短くする工夫が必要です。また、高温での加熱調理は、筋肉繊維を収縮させ、肉が硬くなってしまいます。もちろん、肉の部位によっても調理品目を使い分ける必要があるかもしれません。

例えば、ロース部はステーキやローストに。モモ部はワインを使った煮込み料理に。クビやスネ部はソーセージ、ミートボールあるいは濃い味つけの煮込み料理に。調理はいずれも肉の中心部の温度が七五℃以上で、一分間以上加熱することが必要です。あるいは、六三℃で三〇分以上加熱することです。これはＥ型肝炎などの細菌やウイルスを死滅させるために必須の条件です。また、生肉に直接触れたまな板や包丁、トングなどの器具類は八三℃以上の熱湯で消毒することも必要です。調理者はこうした衛生管理にも注意を払うことが大切です。

シカ肉ロース部の調理法としては、無塩バター一六ｇを弱火のフライパンで溶かし、肉量（一人分約八〇ｇ）の一％の塩をふり、フライパンに入れ、スプーンで溶けたバターを回しかけます。これを五～六分間繰り返したら、火を止めて五～六分間肉を休ませます。次いで、二〇〇℃のオーブ

図3－1－4　シカ肉の調理
（バターを使った加熱調理）

中央はアロゼ（油分や煮汁などを振りかけながら焼く料理法）直後の様子。

ンで九〇秒間焼き、さらに九〇秒間休ませます。肉はふっくらと膨らんだ状態になり、風味豊かなローストができ上がります。肉の中心部の焼き加減は好みにより調理時間を加減して調整します。この調理法はプロの料理人を対象として試行される基本的な調理方法です（図３−１−４）。

もう一つ家庭できる方法としては、低温調理法があります。シカ肉の部位にはあまりこだわりません。まず、チャック付きの耐熱ポリ袋を用意します。一口大に切り分けた肉と調味料（塩、コショウ、日本酒、ショウガ、長ネギ、焼き肉のたれ、塩麹などの調味料を適宜、組み合わせます）を加え、できるだけ袋の空気を抜きます。そして鍋に湯を沸かし、六五〜七〇℃程度に維持して三〇分ほど加熱します。軟らかく風味豊かな一品となるでしょう。

煮込み料理の場合は、大ぶりに切ったシカ・モモ肉を圧力鍋に入れ、二〇分くらい加熱します。シカ肉は水分が多いので、水を入れずに加熱しても大丈夫です。加熱後、肉を取り出して、ワインや野菜と煮込んで味つけすることもできます。カレーやシチューに加えたり、唐揚げに使用することもできます。さらには燻製にして味わうのも良いでしょう。

様々な調理法の例は図３−１−３をご覧ください。

（時田昇臣）

2 ジビエの安心・安全

❶ 家畜衛生・食品衛生としての家畜と野生動物の違い

食品は安全でなければなりません。家畜は生産段階で畜産農家により管理され、その畜産農家は農林水産省管轄の家畜保健衛生所などに指導されています（図3－2－1）。牛・豚・馬・めん山羊はと畜場で、鶏は食鳥処理場で衛生的に処理されています。また、それらの施設では、食肉衛生検査所などから派遣されたと畜検査員や食鳥検査員の獣医師によって「病気の動物の排除」、「残留抗生物質などの排除」および「衛生的な処理の監督」が行われています。食肉になると、保健所の食品衛生監視員による監視や指導が実施されています。このようにして、生産から消費までの安全性が確保されています。

野生動物には家畜のような畜産農家での管理がありません。そして、と畜場などでのと畜検査員の行政による検査も実施されていません。ジビエの肉を流通させるためには、食品衛生法の「食肉処理業」で処理したものでなければなりません。そして、このジビエの食肉処理に従事する人は、食肉に関する衛生的な知識および技能を保有している必要があります。また、ジビエ処理施設や飲食店は、二〇二一年までにＨＡＣＣＰ（ハサップまたはハシップ）という国際基準の衛生管理を導

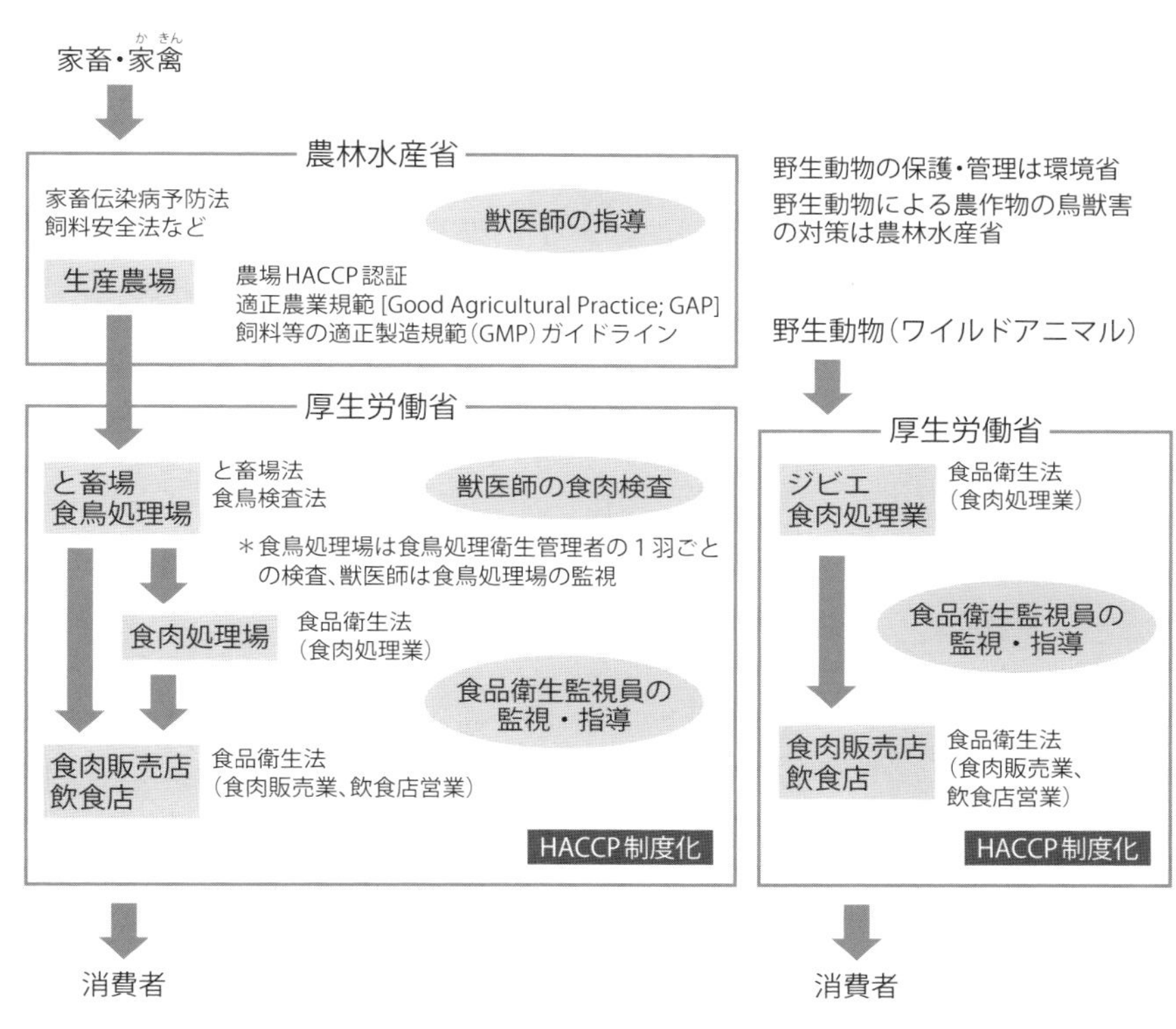

図３－２－１　家畜衛生・食品衛生としての家畜と野生動物の違い

入しなければなりません。

厚生労働省は、狩猟から消費に至るまでの各工程における、安全性確保のための取り組みについて、二〇一四年度に「野生鳥獣肉の衛生管理に関する指針（ガイドライン）」（一部改正）および「カラーアトラス」を作成し、公表しています（https://www.mhlw.go.jp/stf/seisakunitsuite/bunya/0000032628.html）。二〇一八年には農林水産省主導で、捕獲した野生のシカおよびイノシシを処理する食肉処理施設の認証を行う「国産ジビエ認証制度」を制定しました。この認証を得るには、ガイドラインに沿って処理をしていること、トレーサビリティ（※１）が行われていることなど、消費者への安全確保が実施されていることが条件になります。

※1　トレーサビリティ…原材料の調達→生産→消費→廃棄に関わる、いつ、誰が、どのように関わっているのかの流れをすべて、追跡可能な状態にして、消費者に開示すること。

❷ジビエ処理のガイドラインの概要

ガイドラインは、不特定または多数の者に野生鳥獣肉を供与する者などを主な対象としています。また、食用として問題がないと判断できない疑わしいものは廃棄することを前提に記載されています。このガイドラインは牛や豚のと畜場で実施されている衛生的な処理方法に準じています。ガイドラインの概要を次に示します。

●狩猟時（対象はハンター）

- ハンターは健康であること
- 野生動物の血液やダニなどから動物由来感染症に感染することがないように、ゴムなどの手袋をつけて作業をすること
- 野生動物が健康であることが最も重要なので、外観や挙動の異常の有無を確認し、記録すること
- 食用として問題がないと判断できない、疑わしいものは廃棄すること
- すでに死亡している野生鳥獣は食用に供してはならない

など

●放血から運搬、食肉処理施設への搬入まで（対象はハンター）

・放血に使用するナイフなどは、使用直前に消毒（アルコールまたは火炎）すること
・やむを得ず、屋外で内臓を摘出する場合は、適切な衛生管理の知識および技術を有している狩猟者が内臓の異常の有無を確認し、記録すること。なお、屋外で摘出された内臓は食用にしないこと
・狩猟個体は速やかに食肉処理施設に搬入すること
・捕獲から搬入までに記録した情報は、食肉処理を行う業者に伝達し、一定期間保存すること
など

●食肉処理施設（対象はジビエ食肉処理場）

・野生動物のハンターと契約する際には、衛生的な知識、技術を持ったハンターであることを確認すること
・施設が保健所から「食肉処理業」の許可を得ていること
・八三℃以上の温湯供給装置があること（※２）
・野生動物を吊り上げた際に、頭部が床に触れない十分な高さを有する懸吊（けんちょう）設備（※３）があること（※２）
・専用の剥皮（はくひ）作業などを行う場所を設置すること（※２）
・食肉処理施設搬入前に、飲用に適した水を用いて体表を洗浄すること

・内臓は廃棄することが望ましい
・マニュアルを参考にして、内臓を観察し、異常が認められた個体は、安全性を考え、食用にしないこと
・胃や腸の内容物が漏れて肉を汚染しないように食道は二重に結紮(けっさつ)(※4)、肛門はビニール袋で覆った後、二重に結紮すること
・肉への汚染を防ぐため、ナイフは、野生動物の外皮を最小限度の切開をした後、消毒(八三℃以上の温湯に浸漬)し、そのナイフの刃を手前に向け、皮を内部から外部に切開すること
・一頭処理するごとに器具、機材は八三℃以上の温湯を用いることなどによって、洗浄・消毒をすること
・消化管内容物に汚染された時は、汚染された部分を水で流さずに、切り取り(トリミング)を行うこと
・洗浄前の枝肉は、よく観察し、獣毛の付着や、汚染が認められた場合は、その部分をトリミングすること
・汚染のないことを確認した枝肉は飲用に適した水を用いて洗浄を行うこと
・枝肉は速やかに一〇℃以下になるように冷却すること
など

● 加工(対象は食肉処理場と飲食店)
・ジビエの仕入れ時には、狩猟および食肉処理に関する情報を入手すること

・ジビエは、食肉処理業の許可を受けた施設で解体されたものを仕入れること
・受け入れ時にジビエの色や臭いなどの異常や異物の付着などがないか確認すること
・異常があった場合には、取り扱いを中止し、仕入れ先の食肉処理業者に連絡すること
など

●**調理**（対象は飲食店）

前述の加工の項目に加えて、次の項目を実施すること。
・ジビエの生食用としての提供は行わないこと
・ジビエは十分な加熱調理（肉の中心温度が七五℃で一分間以上の加熱、またはこれと同等以上の効力を有する方法）を行うこと
・ジビエの調理・加工に使用したまな板などの器具や食器は、処理終了ごとに洗浄、八三℃以上の温湯または二〇〇ｐｐｍ以上の次亜塩素酸ナトリウムなどによる殺菌をすること
・他の家畜の食肉と区別して、一〇℃以下で保存すること
・凍結するのであれば、マイナス一五℃以下で保存すること
など

●**販売**（対象は食肉販売店）

前述の加工、調理の項目に加えて、次の項目を実施すること。
・ジビエであることが分かるように、種類や加熱加工用であるなど、健康被害を防止するための

情報を明示して販売するよう努めること

など

※2　食品衛生法第54条に基づき、地方自治体が条例で定める食品処理場の施設基準に従うこと。

※3　懸吊設備…ジビエとなる動物を加工のために吊り下げる設備。地面につかないようにする十分な高さと、堅牢性が必要となる。

※4　結紮…ナイロン製結束バンドなど不浸透性材料を使って縫合すること。

❸ 国産ジビエ認証制度の概要

国産ジビエ認証制度（図３－２－２）は、食肉処理施設の自主的な衛生管理などを推進するとともに、より安全なジビエの提供と消費者のジビエに対する安心の確保を図ることを目的とするものです。ガイドラインをもとにした衛生管理基準ならびにカットチャートによる流通規格の遵守、適切なラベル表示によるトレーサビリティの確保などに適切に取り組んでいる食肉処理施設の認証を行います。詳細は農林水産省ＨＰ（http://www.maff.go.jp/j/nousin/gibier/ninsyou.html、担当部署：農村振興局農村政策部農村環境課鳥獣対策室）をご覧ください。

国産ジビエ認証を実施したい民間団体などは、「国産ジビエ認証委員会」へ申請を行います。委員会は申請に基づき審査を行い、審査項目に合致した場合に認証機関として登録します。二〇一八年に一般社団法人日本ジビエ振興協会、二〇一九年にジビエラボラトリー㈱が認証機関として登録されました。

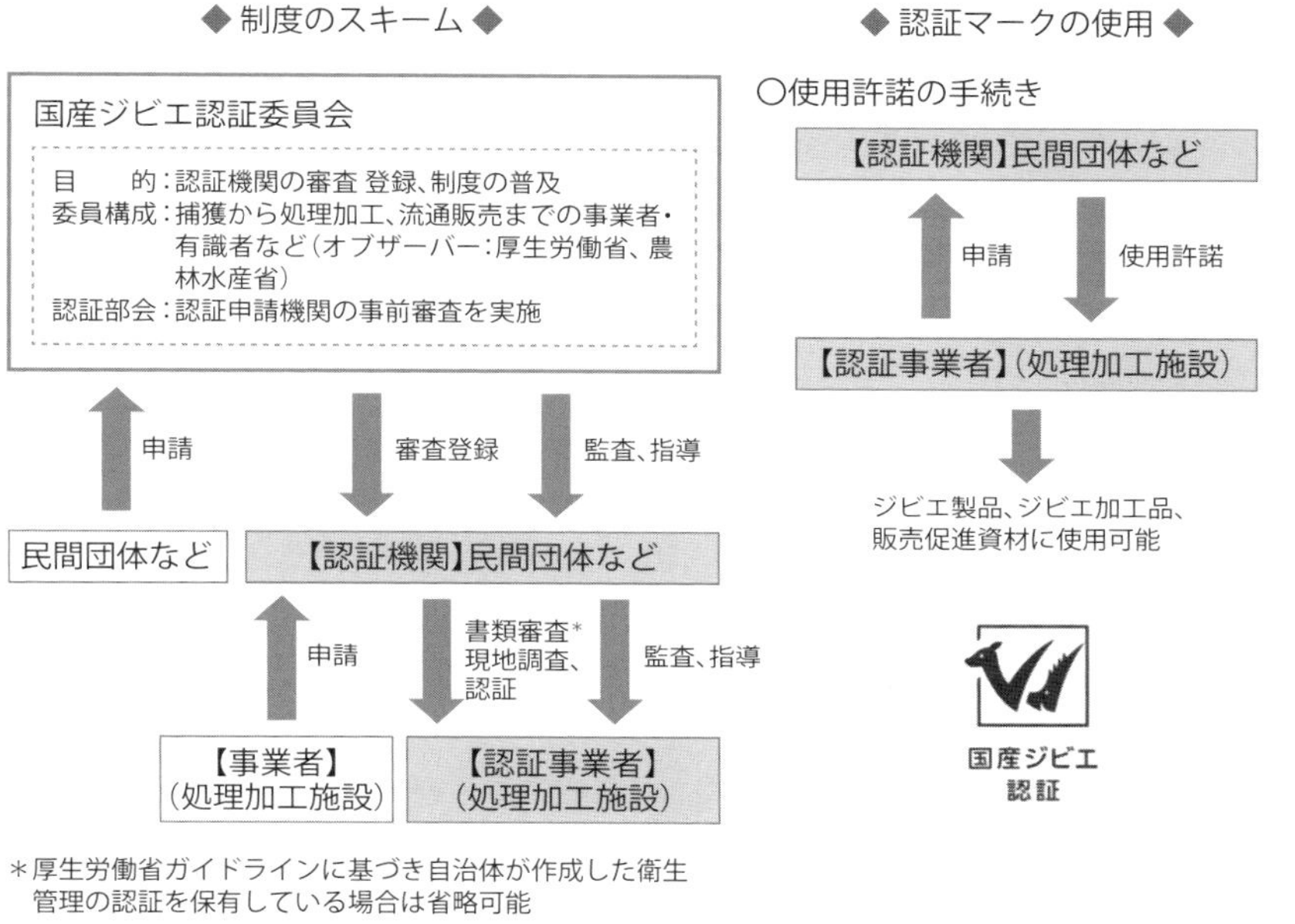

◆制度のスキーム◆

国産ジビエ認証委員会

目　　的：認証機関の審査 登録、制度の普及
委員構成：捕獲から処理加工、流通販売までの事業者・有識者など（オブザーバー：厚生労働省、農林水産省）
認証部会：認証申請機関の事前審査を実施

申請　審査登録　監査、指導

民間団体など　【認証機関】民間団体など

申請　書類審査*現地調査、認証　監査、指導

【事業者】（処理加工施設）　【認証事業者】（処理加工施設）

＊厚生労働省ガイドラインに基づき自治体が作成した衛生管理の認証を保有している場合は省略可能

◆認証マークの使用◆

○使用許諾の手続き

【認証機関】民間団体など

申請　使用許諾

【認証事業者】（処理加工施設）

ジビエ製品、ジビエ加工品、販売促進資材に使用可能

国産ジビエ認証

図３－２－２　国産ジビエ認証制度の概要（農林水産省HPを一部改変）

国産ジビエ認証を実施したいジビエ処理施設は、認証機関に申請します。認証機関はジビエ処理施設からの申請に基づき書類審査、現地調査を得て、認証項目に合格した場合に、認証を行います。認証を受けたジビエ処理施設は認証マークを使用するに際して認証機関に申請を行い、使用許諾を得なければなりません。二〇一八年九月七日付けで、認証機関から京丹波自然工房（所在地：京都府京丹波町）が第一号の認証を受けています。今後、この認証ジビエ施設が増え、より衛生が保証されたジビエが流通することが予想されます（表３－２－１）。

❹ジビエを原因とした食中毒事例

これまでにわが国で報告されているジビエを原因とした食中毒事例は、食品安全委

表3－2－1　認証された食肉処理施設

認証番号	認証された年月日	施設名（施設の概要）	事業者名	所在地
第001号	2018年9月7日	京丹波自然工房（きょうたんばしぜんこうぼう）	株式会社 ART CUBE	京都府京丹波町
第002号	2019年1月9日	祖谷の地美栄（いやのじびえ）	祖谷の地美栄	徳島県三好市
第003号	2019年3月29日	信州富士見高原ファーム	信州富士見高原ファーム	長野県富士見町
第004号	2019年5月30日	西米良村（にしめらそん）ジビエ処理加工施設	上米良地域資源活用活性化協議会	宮崎県西米良村
第005号	2019年5月30日	TAG-KNIGHT（タグナイト）	TAG-KNIGHT	大分県国東市
第006号	2019年7月3日	宇佐ジビエファクトリー	有限会社 サンセイ	大分県宇佐市
第007号	2019年7月3日	わかさ29工房（にくこうぼう）	若桜町・八頭町	鳥取県若桜町
第008号	2019年8月22日	長野市ジビエ加工センター	長野市	長野県長野市
第009号	2019年12月19日	ゆすはらジビエの里	特定非営利活動法人ゆすはら西	高知県梼原町
第010号	2020年1月10日	早川町ジビエ処理加工施設	早川町	山梨県早川町
第011号	2020年2月14日	株式会社 暁（あかつき）	株式会社 暁	岡山県岡山市
第012号	2020年2月14日	東広島市有害獣処理加工施設	東広島市	広島県東広島市
第013号	2020年3月30日	清流ジビエフードサービス	清流ジビエフードサービス	岐阜県大野町
第014号	2020年3月30日	伊豆市食肉加工センター「イズシカ問屋」	伊豆市	静岡県伊豆市
第015号	2020年9月4日	日田市獣肉処理施設	獣肉処理施設管理組合	大分県日田市
第016号	2020年10月9日	株式会社サロベツベニソン	株式会社サロベツベニソン	北海道豊富町
第017号	2020年10月23日	北海道シュヴルイユ浦臼工場 （浦臼町ジビエ処理加工センター）	株式会社アイマトン （浦臼町有施設指定管理者）	北海道浦臼町
第018号	2021年2月4日	屋久島ジビエ加工センタ	株式会社屋久鹿ジビエ王国	鹿児島県屋久島町
第019号	2021年2月4日	丹波山村ジビエ肉処理加工施設	株式会社アットホームサポーターズ	山梨県丹波山村

（2021年2月現在）

表３－２－２　国内でのジビエを原因として発生した人獣共通感染症事例

年	場所	原因食品	感染症	患者数	死者数
1981	三重	冷凍ツキノワグマの刺身	トリヒナ症	172	0
2000	大分	シカ肉の琉球*	サルモネラ症	9	0
2001	大分	シカ肉の刺身	腸管出血性大腸菌感染症	3	0
2003	兵庫	冷凍生シカ肉	E型肝炎	4	0
2003	鳥取	野生イノシシの肝臓（生）	E型肝炎	2	1
2005	福岡	野生イノシシの肉	E型肝炎	1	0
2008	千葉	野生ウサギ（の処理）	野兎病	1	0
2009	茨城	シカの生肉	腸管出血性大腸菌感染症	1	0
2009	神奈川	野生シカ肉（推定）	不明	5	0
2016	茨城	クマ肉のロースト	トリヒナ症	15	0
2018	北海道	クマ肉（推定）	トリヒナ症	3	0
2018	和歌山	シカ肉の刺身	サルコシスティス症	3	0
2019	北海道	クマ肉のロースト	トリヒナ症	6	0

＊琉球：大分県の家庭料理で、ブリやサバなどの刺身をしょうゆ、ショウガ、ごまを入れた漬け汁に浸し、しばらく置いたもの。

ジビエを介した人獣共通感染症（食品安全委員会）に加筆、作成

員会から「ジビエを介した人獣共通感染症ファクトシート」としてまとめられています（http://www.fsc.go.jp/sonota/factsheets/140805_gibier.pdf）。主にシカ肉の刺身などを原因として、サルモネラ症や腸管出血性大腸菌といった細菌性食中毒の発生が報告されています（表３－２－２）。二〇〇九年に茨城県で発生した腸管出血性大腸菌Ｏ１５７（Ｏ１５７）による食中毒事例では、患者は、友人から譲り受けたシカ肉を生のまま喫食し、およそ四日後から血便、腹痛、嘔吐などの症状を呈して発症しました。その後の検査により、患者ならびに喫食したシカ肉の両者からＯ１５７が分離（検出）されています。

従来から一部の地域では習慣となっているように、知人の猟師から肉を譲り受け、それを原因として食中毒が発生する典型的な事例と言えるかもしれません。また一部シカ肉が原因となった事例もありますが、主にはイノシシの肉やレバーを原因としたウイルス性のＥ型肝炎の発生が報告されています。

二〇一六年一二月には、当時わが国では三五年ぶ

りとなるトリヒナ症（旋毛虫症）の発生も報告されました。原因はクマ肉です。北海道で捕獲されたクマの肉がある飲食店の常連客によって持ち込まれたもので、幸いにも市場への流通はありませんでした。原因のクマ肉は持ち込んだ常連客（患者）が自宅の冷凍庫で冷凍していた肉をローストしたものでしたが、生に近い状態の部位もあったことが記録されています。さらに、二〇一八年、二〇一九年と続けて、いずれも北海道でクマ肉を原因とした事例も報告されています。

　旋毛虫症は、欧米では豚肉や馬肉も原因となることがありますが、わが国では海外感染事例を除き、これまでの事例はすべてクマ肉によるものです。キツネやタヌキなど一部の野生動物にも感染していることが報告されていますが、その詳細は明らかとなっていません。その他にも、二〇一一年、二〇一五年、さらに二〇一八年には、住肉胞子虫を原因とした有症苦情事例（下痢症）の報告もあります。この寄生虫は非常に高い確率（ホンシュウシカで九二・五％、イノシシで五〇％）でシカやイノシシに感染していることも報告されていますが、冷凍処理（マイナス二〇℃〈中心温度〉で四八時間以上など）の条件で死滅することが分かっています。

　このように、ジビエについては、仮に完璧に衛生的な解体処理ができ、多くの細菌性食中毒原因菌の汚染源となるふん便や土壌の汚染が完全に避けられたとしても、もともとそれらの動物が様々な人獣共通感染性の寄生虫やE型肝炎ウイルスなどに感染していることも多いのです。このことが、ジビエの喫食には十分な加熱調理が必須であることの主要な理由となっています。

❺ ジビエの加工処理・調理過程に伴う人獣共通感染症

食中毒以外にも、野生動物を取り扱うことに特有なリスクとして、野生動物を食肉加工する際の危険性も重要視されています。二〇〇八年、当時九年ぶりとなる野兎病（やとびょう）の事例が千葉県で発生しました。本事例は、野ウサギの解体・調理作業中に感染したと考えられています。野兎病はあまり聞き慣れない病名かもしれませんが、わが国でも古くから知られている人獣共通感染症です。興味深いことに、世界的には北半球（北緯三〇度以北）にのみ、広く分布しており、わが国では特に東日本を中心に発生があります。

野兎病の患者は、多くが一週間以内の潜伏期を経て、突然の発熱から始まり、長期間持続する弛緩熱を呈します。特徴的なのは、非常に感染力が強いことです。主に保菌動物の剥皮や肉の調理時、血液や臓器への接触により人に感染します。目などの粘膜や、皮膚の細かな傷、健康な皮膚からも浸入することが知られています。

自然界では、野ウサギ以外の野生齧歯類（げっしるい）も保菌することが知られており、これらの動物間の病原体の伝播はマダニによって、媒介されます。実際に、ペットに付着したマダニを除去する際に、虫体を潰して体液が目に入ったり、指が汚染されることによって、人に感染することもあります。

現在、野兎病と同様に、野生動物の直接的接触、あるいは、野生動物に寄生しているダニなどの吸血性節足動物などの取り扱いなど、間接的な接触に起因して発生する可能性のある感染症として、重症熱性血小板減少症候群（Severe Fever with Thrombocytopenia Syndrome：SFTS）が危惧されています。これまでに、わが国では主に西日本を中心とした二五都府県（二〇二〇年一二月現在）で、五七三名の感染事例が報告されています。患者の年齢中央値は七四歳と高齢者に多く発生しています。主な感染経路はマダニの吸血によるものが中心と考えられていますが、近年、血液などの患者体液との接触でも感染する事例が報告されています。

六日から二週間の潜伏期の後、発熱や消化器症状が多くの場合認められます。その他、頭痛、筋肉痛、神経症状（意識障害、失語など）、皮下出血や下血などの出血症状を呈します。血液検査所見では、白血球減少、血小板減少を呈し、死に至ることもあります。これまで（二〇二〇年一二月現在）にも七五名の死亡例が報告されており、特に注意を要します。ジビエの喫食者だけでなく、解体作業に従事する作業者も、十分な感染防御を徹底する必要があります。

（森田幸雄・壁谷英則）

column

ジビエに影響する感染症にどう対応すべきか

多くの感染症は同種の動物間での感染が一般的です。つまりは、人から人、家畜から家畜への感染ですが、なかには人から家畜、家畜から人に感染する疾病があります。これを人獣共通感染症と呼んでいます。

❶家畜の感染症と野生鳥獣（ジビエ）

家畜の伝染性疾病の発生を予防し、まん延を防止することにより、畜産の振興を図ることを目的とした法律が「家畜伝染病予防法」です。この法律の中で、家畜の伝染性疾病の発生の予防やまん延防止のため、家畜伝染病予防法二条一項において具体的に定められている伝染性疾病を家畜伝染病（法定伝染病）と呼びます。また、農林水産省令（家畜伝染病施行規則二条）で定められている伝染性疾病を届出伝染病といいます。これらを総称して監視伝染病と呼んでいます。

家畜の伝染病に感染する可能性のある動物を感受性動物といいますが、牛、めん羊、山羊、水牛などが感染する疾病の感受性動物としてシカが、豚が感染する疾病の感受性動物としてイノシシの存在があります。家畜伝染病にはシカは一三種の疾病に、イノシシは七種の疾病に、さらに届出伝染病にはシカ、イノシシともに八種の疾病の感染動物としてリストアップされています。

❷口蹄疫を振り返る

二〇一〇年四月、一〇年ぶりに口蹄疫の発生が宮崎県で確認されました。その発生農場は二九二農場、発生自治体数は一一市町、家畜への被害は牛が六万九四五四頭、豚が二二万七九四九頭、その他（山羊、羊、イノシシ、水牛など）が四〇五頭と、甚大な被害が出ました。また、本病を封じ込めるため、県外からの応援獣医師延べ二・五万人、自衛隊員一・九万人、機動隊など警察関係者二・三万人が派遣されました。

口蹄疫による宮崎県での経済的損失は試算によると、五年間で二三五〇億円となり、畜産業だけでなく、地域経済全体に大きな影響が及ぶものとなりました。最終発生例の殺処分から三カ月が経過し、OIE（国際獣疫事務局）が定める清浄国（特定の感染症が発生していない、またはワクチン接種などによって撲滅された国や地域のこと）に復帰するための要件を満たしたことから、二〇一一年二月には、正式に清浄国に認定され、今日に至っています。

口蹄疫は人獣共通感染症ではないので、万一、感染家畜の肉を食べたり、感染家畜と接触しても人に感染することは一〇〇%ありません。しかし、食肉産業（焼肉店、タレメーカーなど）は風評被害により大きなダメージを受けました。シカ、イノシシともに口蹄疫の感受性動物ですが、この時は、ジビエのブームはまだ低調でしたので、ジビエ肉への影響はほぼみられませんでした。

❸豚熱（CSF）の発生

わが国での豚熱（CSF：Classical swine fever）の最終発生は一九九二年で、その一五年後の二〇〇七年に国際獣疫事務局（OIE）から清浄国として認められました。しかし、二〇一八年九月、二六年ぶりに岐阜県で豚熱が発生しました。一例目が九月九日、二例目が一一月、三〜六例目が一二月にそれぞれ発生し、二〇一九年を迎え沈静化したかのように見えました。

しかし、その後は沈静化との油断と散発的な発生を繰り返し、二〇二一年一月二六日には和歌山県で発生が確認され、六二事例約一七万頭が殺処分されています。今回の発生では野生イノシシへの豚熱感染が沖縄県を除く二三都府県（二〇二〇年一二月二七日時点）で確認されており、ワクチン接種推奨地域の設定は二七都府県となっています。

豚熱は初発の岐阜県を越境し、豊田市へ伝播し、その豊田市の大規模農場から子豚の移動によって複数の都府県に拡大しています。発生以来先が見えない豚熱ですが、今後、どのように対応すべきかを整理してみましょう。なお、北海道大学大学院獣医学研究院の迫田義博教授は最近も発生が広がっていることなどから「豚熱の国内の清浄化まで一〇年以上かかるのではないか」との悲観的な推測をされています。

農林水産省はＨＰなどで、

①豚熱は、豚熱ウイルスにより起こる豚、イノシシの熱性伝染病で、強い伝染力と高い致死率が特徴で、「家畜伝染病予防法」で家畜伝染病に指定されているが、人には感染しない

②感染豚は唾液、涙、ふん尿中にウイルスを排泄し、感染豚や汚染物品などとの接触などにより感染が拡大する

③治療法はなく、発生した場合の養豚業界への影響が甚大となる

④畜産農家は引き続き、飼養衛生管理の徹底や早期摘発のための監視の強化に万全を期していただきたい

⑤世界各国に分布しているが、北米、オーストラリア、スウェーデンなどでは清浄化を達成しているとしています。

❹豚熱の伝播・感染ルート

愛知県豊田市の大規模農場などに感染が広まった豚熱について、農林水産省は二〇一九年二月七日、この農場と岐阜県内で一月に感染が確認されていた養豚場との間で、同じ飼料運搬用車両が出入りしていたことを明らかにしました。岐阜県の養豚場から豊田市の農場までは三〇㎞の距離があるものの、トラックの消毒が不十分だった可能性が指摘されています（朝日新聞）。

岐阜県で初発の豚熱は、海外から国内に侵入した

と推測されています。しかし、その詳しい侵入経路は不明であるものの、流行している国から来た旅行者が持ち込んだ肉製品を野生イノシシが食べ、そのイノシシが養豚施設で豚や関連施設と接触し、豚に感染したという説が有力です。しかし、これはあくまでも推察で、今後しっかりと検証していかなければならないでしょう。

感染の拡大を防ぐには、感染が確認された地域でイノシシを捕獲して生息数を減らしたり、フェンスなどを設置し、イノシシが養豚場に近づかないようにすることが必要とされます。

参考として、豚熱の陽性都府県を豚とイノシシに分けて地図にしたものを（図1）に示します。イノシシは一日に三〇〇m、一年でも一〇〇㎞しか移動しません（図2）。これに対して豚や豚の飼料は一日に相当な距離の移動（運搬）が可能です。

❺ジビエに対する不安とその除去

既述のように豚熱は口蹄疫同様に、人には絶対に感染することはありません。しかしながら、豚から豚への感染力がきわめて強力なので、大掛かりな防疫体制を敷き、同居房の豚をすべて殺処分しています。つまり、小さな病巣でも目に見えない部分に浸潤している可能性がある時は、病巣だけでなくその周囲も同時に切除するのと同じ方法です。

❻シカやイノシシなどを現場で腹出しすることの可否について

現行のジビエガイドライン[1]（野生鳥獣肉の衛生管理に関する指針）では、屋外での内臓摘出（腹出し）を禁止はせず、条件付きで認めています。その理由は肉の品質劣化が大きい問題とされているからです。現場で行うべきとの考え方は、例えばある猟師

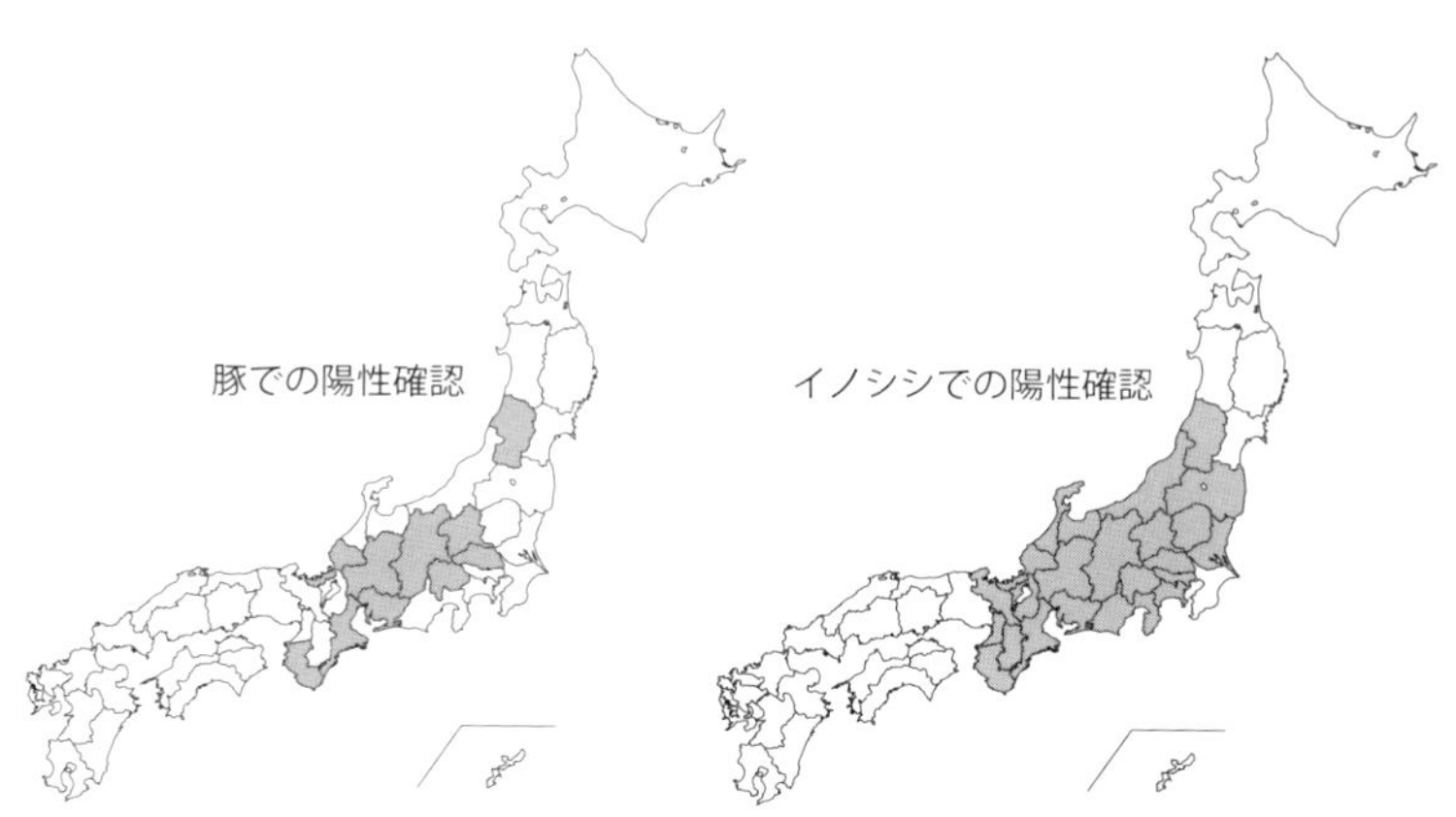

図１　豚熱の陽性都府県
左：豚、右：イノシシ（2021年２月現在）。

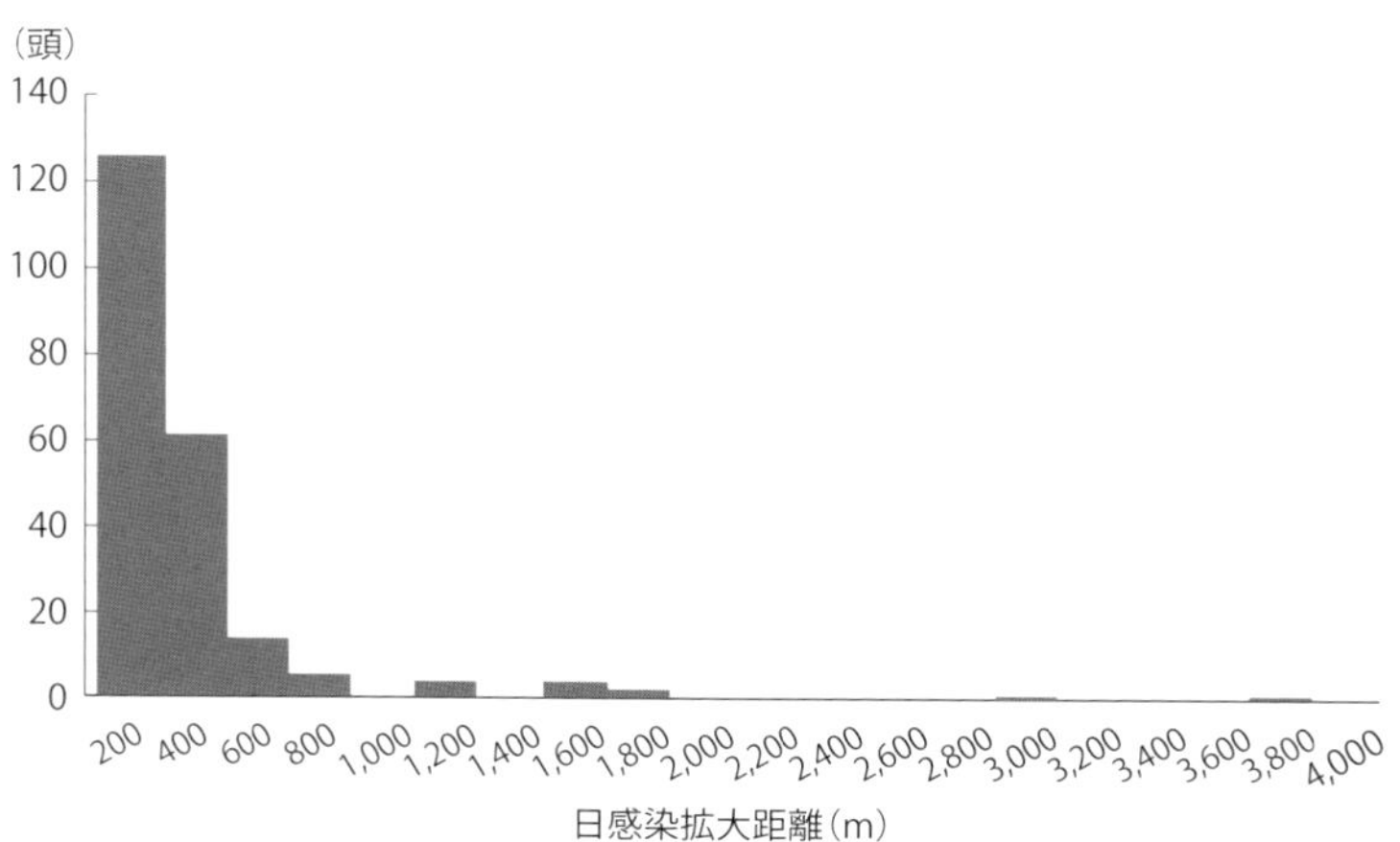

図２　イノシシの移動距離（関東・東北）
イノシシは１日に300m、１年で100kmしか移動しない。

表1　国内での野生鳥獣（生体）の病原体保有状況[5]

動物	病原体	保有率（%）	部位
シカ	腸管出血性大腸菌	15.5	ふん便
	トリヒナ	77.7	筋肉
イノシシ	E型肝炎ウイルス	2.4	血液
	トリヒナ	100	筋肉
	カンピロバクター	14.5	ふん便

は、「捕獲して、一刻も早く腹出しを行わないと、肉や内臓が駄目になる」と言います。つまり、鮮度が低下してしまう心配があるということです。これに対して、現場で行うべきではないとの考え方を「日本ジビエ振興協会」は提唱[2]しています。その理由は、「開腹した段階で、肉が土壌や河川を汚染する可能性が大きいこと」、「感染症などに罹患していれば、ウイルスなどの病原体を山野や河川に拡散させる可能性が大きいこと」が挙げられます。

一方で、「野外で内臓摘出したエゾシカ枝肉の衛生状況」についての研究報告があります。これによると、処理施設での解体と屋外での方法を比較した場合、肉表面の一般生菌、大腸菌群、O157、カンピロバクター、サルモネラおよびエルシニアについて、ふき取り検査の結果、どちらの肉も一般生菌以外は検出されなかったとしています[3][4]。この結果のみを鵜呑みにすると、「腹出しは屋外でも問題はない」と短絡的な結果を招いてしまいます。

しかし、ここで最も重要なのは、屋外での腹出しによって、当該のイノシシやシカが感染症などに罹患していれば、ウイルスなどの病原体を山野や河川に拡散させる可能性が大きいことです。また、それとは逆に、肉が土壌や河川水によって汚染される可能性も否定できません。

表1[5]に示しますが、日本国内で捕獲された野生鳥獣はE型肝炎ウイルス、トリヒナなどをかなりの率

で持っています。

ジビエの肉の劣化は重要な問題かもしれません。しかし、肉の汚染やウイルスなどの病原体の拡散は、より重要な問題と言えるでしょう。土壌や河川へのウイルスなどの病原体の拡散は、その後も影響がみられるため、腹出しは控えるべきでしょう。

❼鳥インフルエンザとジビエ

二〇二〇年一一月から、国内で野鳥および家きんにおける高病原性鳥インフルエンザ（HPAI）が相次いで発生し、環境省は一一月五日から野鳥の監視対応レベルを「レベル３（国内複数個所発生）」として強化しています。二〇二一年二月八日の時点において国内四七例目の発生が徳島で報告されています。鳥インフルエンザは、鳥類にA型インフルエンザウイルスが感染して発症する感染症です。カモなど水鳥の仲間は、すべての亜型（H1-16やN1-9など）のA型インフルエンザウイルスを保有していますが、ほとんどの場合、感染しても症状を示しません。

しかし、家禽や一部の野鳥が高病原性（H5N1型など）のインフルエンザウイルスに感染した場合、病原性を発揮し大量死をもたらします。HPAIウイルスにかかった鶏などに濃厚に接触（鶏や豚と一緒に寝起きするなど）した場合、ごくまれに人に感染することが報告されていますが、野鳥観察など通常の接し方では感染しないと考えられています。

特に養鶏業への影響については、鳥インフルエンザの蔓延により、直接被害（処分など）を被るだけでなく、間接被害（風評などによる売り上げ減）が考えられます。

死亡例が報告される野鳥は、マガモ、ナベヅル、ハクチョウなどが主で、水系感染説が濃厚です。この中でジビエとして狩猟される代表的な鳥類はマガモです。万一、感染の野鳥を喫食しても人への感染は通常では考え難いですが、シカやイノシシと同様に生食は絶対に避けるべきです。

（押田敏雄）

3 ジビエの流通事例と今後の課題

❶ ジビエの流通は誰が担っているか

流通とは、生産者が生み出した生産物が最終消費者の手に渡るまでのことを指します。ジビエの流通で言えば、捕獲者が捕獲・止め刺しした瞬間から、と体が処理・加工されて商品（ブロックやスライス、ソーセージなど）の形になり、その肉が飲食店などに販売・配送され、店で調理したジビエ料理を最終消費者が食べる寸前までのプロセスのことです。

流通という活動は流通専門業者が行うものと思われがちです。しかし、そうではありません。実際には、食肉処理施設のみならず、捕獲者や飲食店など、ジビエに関与するすべての人々が流通活動の一端を担っています。

飽食の時代では、食品の最も大きな評価軸は美味しいかどうかです。でもそれ以前に遵守されなければならないのは安全と安心です。真夏の炎天下で、止め刺しから長時間経過したシカが、良質なジビエのブロック肉になるとは思えません。レストランで提供されたジビエ料理を口にした時に狩猟の弾の破片が出てきたとしたら、消費者にとっては異物混入に他なりません。野生鳥獣を原材料とするジビエだからといって、消費者はその品質に関して大目に見てくれるわけではありません。

ジビエに携わるすべての人々は美味しいという価値作りとともに、安全と安心という価値を形成する一員であることを認識しておく必要があります。

❷ ジビエ流通の現状と課題

●ジビエ流通の特徴――牛肉や豚肉と比較して

ジビエは現在、部位別にブロック肉やスライス肉、シャルキュトリー（ソーセージ、ハム、パテ、テリーヌ）として冷凍真空パックの形で食肉処理施設から販売されることがほとんどです。本格的にジビエメニューを提供する飲食店などでは枝肉の形での販売を希望するところもあります。ジビエのレトルトカレーやパスタ用ミートソース、缶詰などの加工品として、各道府県などのアンテナショップや物産展、道の駅などで販売されているのを見かけることも増えてきました。

それではジビエの流通はどのようになっているでしょうか。精肉としての牛・豚肉とジビエの流通経路を簡単に示したのが、（図３－３－１）です。一見すると似ていますが、実際は大きく異なっています。（表３－３－１）にはその流通の特徴の違いをまとめました。次に牛・豚肉との比較を通して、ジビエ流通の特徴をみていきましょう。

（１）市場規模の違い

牛・豚肉に比べると、ジビエの全体流通量はまだまだ微量です。このため、三百数十程度とされる現在稼働中のジビエ食肉処理施設のほとんどは小規模零細であり、経営体として未熟なところが多いのが現状です。

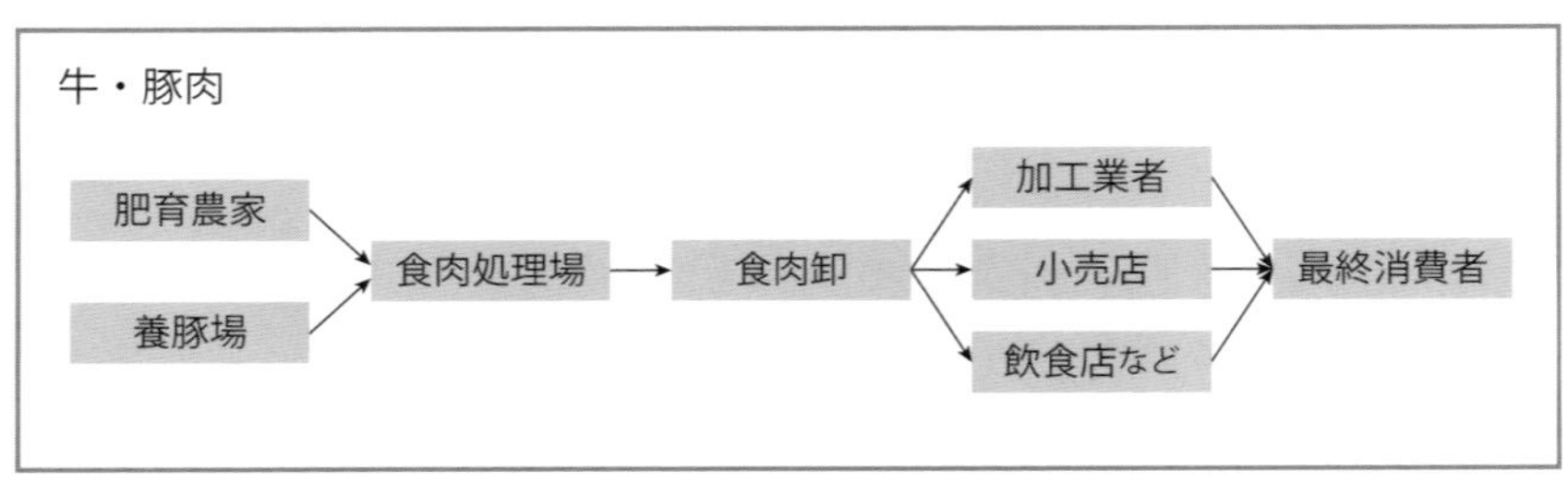

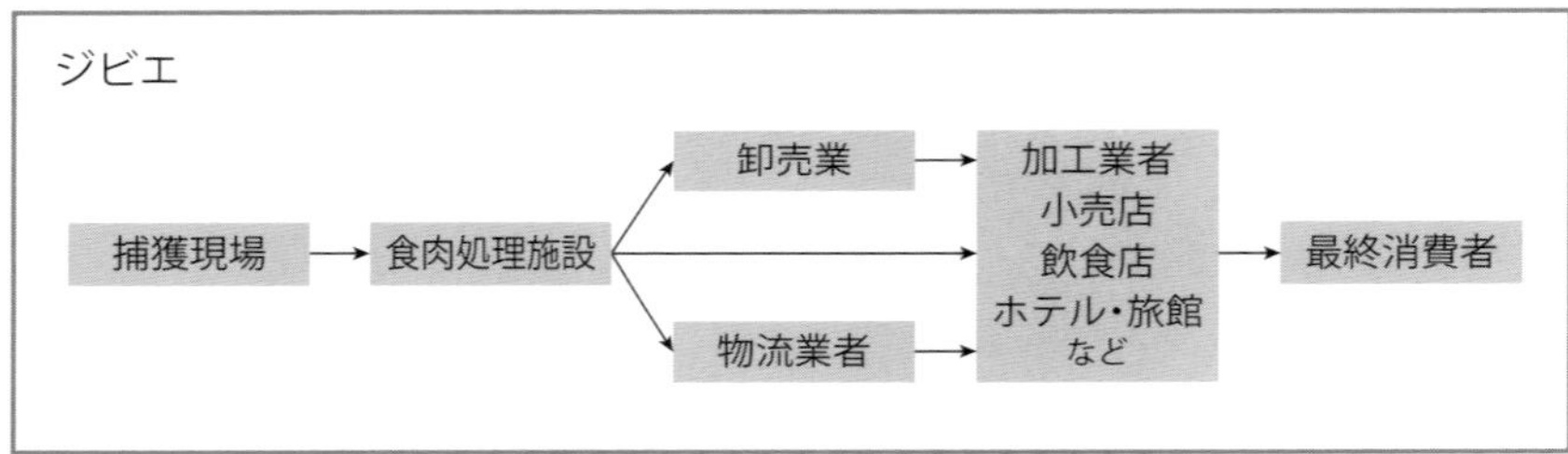

注）インターネット通販を除く。ジビエは業者向け、最終消費者向けにインターネット通販を手がける食肉処理施設も多い。

図3－3－1　牛・豚肉とジビエの流通経路

表3－3－1　牛・豚肉とジビエの流通の相違

	牛・豚肉	ジビエ
全体流通量	大量	ごく少量
食肉処理施設の規模	大規模	小規模零細
食肉処理施設事業への参入障壁	高い	低い
供給量の変動	ある程度調整可能	自然条件や捕獲体制に依存
品質の変動	小さい	大きい
格付け制度	あり	なし（導入地域あり）

（2）食肉処理施設事業への参入のしやすさ

牛・豚肉をと殺・解体する食肉センター（と畜場）を設置するにあたっては、と畜場法により都道府県知事の許可が必要です。食肉センターの運営はこの法の下で様々な規制を受けます。これに対し、ジビエの食肉処理施設は食品衛生法の食肉処理業の営業許可を取得すれば開業が可能で、ジビエ事業への参入は比較的しやすい状態にあります。

（3）供給量の変動

飼養される牛・豚は出荷時期などを分けることによって、供給量をある程度、平準化することが可能です。これに対し、ジビエの原材料はシカやイノシシの捕獲に依存するため、季節や気象などの自然条件、狩猟体制に左右されます。ジビエの場合、食肉処理施設への搬入頭数が日によって大きく異なるため、処理・加工作業量も変動します。

（4）品質の変動

牛・豚が肥育によって肉質を良くするための飼育が可能であるのに対し、シカやイノシシは野生動物なので、捕獲直前までの餌などの生育環境、捕獲する季節、と体の性別・年齢、捕獲・止め刺し・放血の状況、食肉処理施設への搬入までにかかった時間、処理・加工の技術などにより、品質や味にも大きな違いが生じやすくなっています。

ちなみに、厚生労働省の「野生鳥獣肉の衛生管理に関する指針（ガイドライン）」では、狩猟時、運搬時、食肉処理、加工、調理および販売における取り扱い上の注意点が具体的に挙げられ、品質劣化を防ぐための考え方が示されています。「わな猟で捕獲し運搬可能な野生鳥獣は、食肉処理施設へ運搬して衛生的に処理することが望ましい」、「狩猟個体は、速やかに食肉処理施設に搬入すること。なお、必要に応じて冷却しながら運搬するように努めること」などと指摘されています。こうしたガイドラインを受け、食肉処理施設がと体搬入者との間で「止め刺しから九〇分以内でと体を搬入すること」といったルールを独自に設定し、ジビエの品質向上に努めている地域もあります。

（５）格付け

牛・豚肉では枝肉の格付けが行われています。公益社団法人日本食肉格付協会が農林水産省の承認を得て制定した「牛枝肉取引規格」と「豚枝肉取引規格」に基づき、全国の食肉卸売市場などで格付員が格付けを行っています。牛肉でよく知られるＡ４やＡ５などがそれにあたります。アルファベットが歩留（ぶどまり）等級、数字が肉質等級を表しています。[1]

ジビエはまだ産業として黎明期で、小規模零細な食肉処理施設が多数分散している状態であり、食肉処理施設が団体としてまとまっているわけではありません。そのため、今のところジビエには全国共通の格付けは存在しません。

ただし、ジビエに対して先進的に取り組んでいる県などでは、ジビエ振興のための一つの策として、格付けの導入を図っています。ここでは二つの県の取り組みを紹介します。

和歌山県では「わかやまジビエ肉質等級制度」を設け、牛・豚肉の格付けと同じ考え方で格付けを行っています。わかやまジビエ格付員認定実施要綱に基づいて認定を受けた「わかやまジビエ格付員」がロース肉を用いて「皮下脂肪の厚さ」、「肉の締まり・きめ」、「肉の色沢」、「脂肪の色沢と質」の四項目で判定を行い、シカは二等級（例：Ａ、Ｂ）、イノシシは三等級（例：Ａ、Ｂ、Ｃ）に格付けするというものです。

次に紹介するのは、鳥取県の「Ｇｉｂｉｅｒ－ＡＩ〈ジビエーアイ〉」プロジェクトです。[2] これは、鳥取県（鳥取県東部地域振興事務所）、県東部の狩猟者や飲食店などで作る「いなばのジビエ推進協議会」、鳥取大工学研究科のタッグにより、人工知能（ＡＩ）の技術を活用してシカ肉の肉質を判定する取り組みです。現在はディープラーニングにより判定精度の向上を図っている最中であり、実用化はこれからということですが、本格化すれば格付員のような専門家がいなくても客観的な肉質判定ができるようになり、効率的に売り手と買い手をマッチングさせるジビエ流通が実現する可能性を秘めています。

こうした取り組みは、効率的な取り引きを実現し、買い手満足度を高めるためには必要不可欠です。ただし、この先、各県が独自の格付け制度を導入すれば、小さなジビエ市場に格付けが乱立することになり、それはあくまで県内だけで通用する客観尺度となります。その場合、地域を越えたジビエの商品比較を困難にするため、あまり広がりのある制度ではなくなってしまうことには注意しなければなりません。

●ジビエ流通の課題とは

通常の家畜とは違う、ジビエ流通の特徴から、その課題も浮かび上がってきます。

(1) 食肉処理施設に過大な負担

現在、処理・加工はもちろん、ジビエ商品の開発、在庫保管、商品の営業、受注、配送ないし配送手配、請求書作成、代金回収など、ジビエ流通またはマーケティングにかかる機能のほとんどを負担しているのは、食肉処理施設です。狩猟者からの依頼で、と体搬入作業を請け負っている施設も珍しくありません。施設の従業員数は一～二名程度のところが大半です。ほとんどの食肉処理施設が小規模零細であり、人手も足りない中で、こうしたフルファンクションを行うことになるので、今、それぞれの施設には金銭面でもマンパワーの面でも大きな負荷が掛かっています。

(2) 安定流通、大量流通に対応しにくい

ジビエ流通の特徴は、その要となる食肉処理施設のほとんどが小規模零細であること、原材料となる捕獲頭数が自然条件や捕獲体制に依存するため不安定であること、食肉処理業者により処理・加工の技術にバラツキがあり、臭いの有無や味の違いにつながることです。

特に、処理業者の技術により商品の品質に差が生じると、複数の食肉処理施設の商品を同じ括りのジビエ商品として取り扱うことが難しくなります。このため、ジビエは安定流通や大量流通に対応しにくいのです。

現在でも施設により解体の仕方が異なったり、人によって解体技術にバラツキがあったりすることが指摘されています。安定流通や大量流通の前提として、今後は少なくとも各施設の解体技術を高めたうえで、平準化していくことが求められます。

(3) 専門業者が不在

国や自治体の積極的な取り組みにもかかわらず、ジビエの市場規模が拡大しにくい理由は、専門業者が不在だということにもあります。牛・豚肉は生体で出荷され、精肉で消費者に販売されるまでの間に形態を変化させながら流通していきます。と体搬送、食肉センターでのと畜・解体、食肉卸売業、小売業への物流では、それぞれ専門業者が存在します。牛・豚肉は流通量が多いので、流通プロセスで必要となるすべての作業を細分化して、一つの作業を専門的に行う業者でも経営体と

して存立が可能です。

しかし、ジビエはまだ市場規模が小さく、流通量も少なく、食肉処理施設も小規模で分散立地しています。このため、県をまたいでと体搬入を受け付ける食肉処理施設やジビエを広域的かつ専門的に扱う食肉卸売業者などが成立しにくいのが現状です。そのため、ジビエの食肉処理施設のほとんどは人手がない中でも、属人的なつながりを通して取引先を開拓していくことになります。

（４）客観的な商品評価指標の必要性

ジビエ商品が食肉処理施設の手を離れ、専門業者が取り扱いやすくなるためには、客観的な尺度が必要となります。実は、農林水産省が制定した「国産ジビエ認証制度」やこの認証制度の中で規定されているカットチャート、肉質の格付けの本質はここにあります。国産ジビエ認証制度については、前節で触れているので、次に格付けについて取り上げましょう。

格付けは客観的な品質評価の指標です。格付けがあることによって、取引当事者は商品の比較が可能になり、品質や価格をめぐって売り手と買い手の間の交渉がスムーズになります。売り手も買い手も価格の相場感覚を養うことができます。買い手は料理のタイプに向いた肉の部位を効率的に購入できるだけでなく、自身が支払う価格の価値を知ることができます。

多くのジビエの食肉処理施設の経営者は「うちのジビエは一番」と言います。「ジビエに大量流通は必要ない」とする見解もあるでしょう。もちろん、売り手と買い手が顔の見える関係の中だけで取り引きしていくというのも施設経営のやり方の一つです。でも、施設側が知らないところで「○○施設のシカ肉は臭い」とか、「△△施設の処理技術はレベルが高い」といった、客観的に真に正しいのかどうか分からない情報で施設や商品の評価が決まっている可能性や、正当な商品の比較評価が行われることなく、施設が買い手から「取引価格が高い」と突き上げられたりしている可能性は否めません。

現状では、各地域でジビエ商品のブランド構築のための取り組みはほとんど進んでいません。あったとしても、県名や地名にジビエを付けてブランドのように見せている程度です。もともと地名にブランド力のある場合はそこから連想されるイメージは湧きますが、それだけでは買い手の目から見てジビエ商品そのものが差別性に富んでいるとは言えません。

本当の意味で自社のジビエをブランドにするためには、一定の安定した品質の商品を常に提供できるようにするのは当然のこととして、買い手がそのブランドを目にするだけで品質が保証されていると感じられるようにすること、より優れたイメージを持って買い手に受け入れられるように商品の価値を定義していくことが必要です。ジビエの食肉処理施設の増設がさらに続く中では、今以上の競合の発生も予想されます。単純な価格競争を回避するためにも、売り手も買い手も客観的な指標などを通じて、商品を見抜く目を養うことが重要です。

❸ ジビエ流通の事例――北海道・鳥取県

ジビエの食肉処理施設の販売先というと、大都市の飲食店や旅館・ホテルレストランなど業務用需要が思い浮かびます。しかし最近では施設と密接に連携した小売企業がジビエ販売を行い、流通・消費拡大に一役買うケースも増えています。

ここでは、平成三〇年（二〇一八年）度野生鳥獣資源利用実態調査（農林水産省）において、食肉処理施設のシカの利用量で上位二者である北海道と鳥取県のジビエ流通の事例についてみていくことにしましょう。食肉処理施設が大都市の一流飲食店のシェフと出会うためには、予算や大きな仕掛けが必要ですが、地域におけるジビエ需要拡大についてだけでもまだまだできることはありそうです。

（1）厳しいルール策定でエゾシカ肉を販売――北海道・コープさっぽろ

今日のように豊かな時代では、何を消費するかの選択権を持つのは最終消費者です。そのため、流通活動を推し進めるには、売り手と買い手がただ結びつくだけではうまくいきません。最終消費者が率先して選びたくなるような商品の価値を生み出し、流通を円滑に進めていくことが必要です。

図3－3－2　コープさっぽろ ルーシー店（札幌市白石区）

生活協同組合コープさっぽろ（札幌市）は北海道流通業の雄であり、道の食のインフラを支える存在です（図3－3－2）。そもそも生活協同組合は、消費者が自身の生活安定や利益を守るために事業を発足させたものです。この理念を受け、コープさっぽろは一九七〇年代から食の安全・安心への取り組みをスタートさせ、徹底した品質管理を行うことで知られています。

コープさっぽろは、二〇一三年から道内の大型スーパーとして初めてエゾシカ肉の常時販売に踏み切りました。もともとは農業被害対策に貢献したいという組合員からの声がきっかけだったそうですが、全道六店舗でエゾシカ肉と加工品を販売したのを皮切りに、二〇一四年には取扱店舗を一〇店に拡大、二〇一八年一〇月時点で三八店舗に拡大しています。

北海道はバーベキュー文化が盛んな地域でもあり、生肉コーナーには焼肉向けのパッケージが大小充実している他、しゃぶしゃぶ、鍋用の切り落とし、ソーセージなどの販売が行われています。

牛・豚肉のような家畜と異なり、野生動物であるエゾシカ肉を安全・安心に流通させるため、コープさっぽろでは次のような独自のルールを策定しています。

〈取り扱いルール〉

- と畜場所は北海道HACCP認定工場に限る
- と畜したエゾシカは、獣医師もしくは獣医師の指導を受けた事業所内の責任者による内臓及び枝肉の目視点検で、異常がないことが確認できたものに限る
- 北海道（環境生活部・保健福祉部）が策定した検査フローに基づき出荷されること
- 一時養鹿されたメスのみ
- 枝肉を吊り下げた時に、床から一m以上離す
- 個体識別番号による管理

〈店舗ルール〉

- 包丁・まな板は専用のものを使用することとする

・商品ラベルに「中まで十分加熱してお召し上がりください」、店頭パネルには「当店のエゾシカ肉は生食用ではありません」と表示し、生食回避をアピールする
・個体識別番号を記載し、エゾシカ食肉事業協同組合のＨＰ（http://www.yezodeer.jp）で閲覧できることをアピールする

ここまで厳密なルールを設定して、ジビエを常設販売している小売企業は現在、コープさっぽろ以外にはありません。このルールを満たす処理施設も、㈱知床エゾシカファーム（図3−3−3）と㈲ユックの2カ所だといいます。こうした徹底した取り組みは組合員にも伝わり、不安の声なども届いていないそうです。

北海道では毎月第４火曜日は語呂合わせで「シカの日」になっています。この日はコープさっぽろのエゾシカ肉がお買い得になります（図3−3−4、5）。シカの日や家族が集まるお盆時などにエゾシカ肉はよく売れるそうです。コープさっぽろとの取り引きは、納入する食肉処理施設にとっても好循環を生んでいます。施設職員の商品の安心・安全に対する意識が向上したうえ、一流の店舗で販売する商品を作っている職人としてのプライドが生まれてきたといいます。またコープさっぽろと取り引きをしているということが安心材料となり、地元のホテルなどとの取り引きも始まったそうです。

図３－３－３　㈱知床エゾシカファーム
（北海道斜里郡斜里町）

厳しいルールをクリアできる供給量には限界があり、現状以上の販売拡大は容易ではないなど課題もありますが、コープさっぽろの事例は、小売企業が主体となって流通を牽引し、ジビエが他の食品と同等の品質を確立することによって、牛・豚・鶏肉などに並んで食肉市場に浸透する可能性を感じさせてくれるものです。

（2）密接な連携で消費者にアピール——鳥取県・わかさ29工房とサンマート

鳥取県もまたジビエ先進県であり、ジビエの食肉処理施設にも鳥取県食品衛生条例に基づきＨＡＣＣＰによる衛生管理を推奨しています。二〇一三年稼働の「獣肉解体処理施設わかさ29（にく）工房」は、県内で最初にＨＡＣＣＰ認定を受けた施設です（図3－3－6）。もとより処理技術に定評のある

図３－３－４　コープさっぽろ ルーシー店のエゾシカ肉販売コーナー
この日は道の定める「シカの日」のため、お買い得価格での販売が行われていた。
（5ページ、口絵19）

図３－３－５　コープさっぽろで販売するエゾシカ肉に貼付するラベル
個体識別番号も記載し、トレーサビリティーにも配慮している。

施設で、シカとイノシシの処理頭数計一八〇〇頭と県内随一の水準にあります（二〇一八年取材当時）。そのため、その販売先はこだわりのシェフがいる大都市の一流レストラン、食品卸売業者、地元フレンチレストラン、給食事業者、小売企業など多岐にわたっています。この中でも、サンマート（鳥取市）とわかさ29工房との取り組みは、ジビエ振興に期待を寄せる地域の参考になることでしょう。

図3－3－6　獣肉解体処理施設わかさ29（にく）工房（鳥取県八頭郡若桜町）

サンマートは大正三年に創業し、二〇二〇年現在、鳥取市を中心に八店舗を展開する地産地消や品質重視で知られる地元に根差した食品スーパー企業です。二〇一六年九月、県とサンマート、わかさ29工房が協力して、県内で初めて、スーパーでのジビエのお試し販売を行ったところ、爆発的に売れたことを契機に、その年の一〇月からサンマートの二店舗で常設販売するようになったといいます。その後、二〇一七年四月には五店舗、同年八月には全店舗での販売を開始しています（図3－3－7～9）。

そもそもサンマートが自店でジビエを販売するのは、ジビエやその料理の普及が目的だそうで、チラシの折込や店頭でのレシピの配布を行ったり、サンマート本部に地元の著名な料理研究家を招いてのジビエ料理教室を開催したりしています（図3－3－10、11）。この他、サンマートとお客様で稲刈りをする収穫祭で、わかさ29工房のシカ肉焼き肉を振る舞い、参加した子供たちにジビ

図３－３－７　サンマート湖山店
（鳥取県鳥取市湖山町）

図３－３－８　サンマート湖山店の
ジビエ精肉販売コーナー

図３－３－９　サンマート湖山店の
ジビエ加工品販売コーナー

図３－３－10　県と協力して作
成したジビエやジビエ料理を紹介
したPOP広告

図３－３－11　サンマートのジビエ売り場に設置し
た料理レシピ
８種類程度のレシピが用意され、誰でも無料で持ち帰る
ことができる。

エ喫食体験の機会を作るなど、一般家庭への普及に尽力しています。

サンマートでジビエの常設販売を開始した当初、顧客の購買履歴を調べると約三割が同店の新規顧客だったそうです。ジビエが店舗と新たな顧客との出会いの創出につながったこともあったようです。取り扱う店舗すべてが同じような販売動向ではなく、山間地よりも鳥獣被害がない市街地にある店舗の方が販売は好調といった傾向や、各店舗の店長の方針によって販売の熱心さに濃淡があるなどの課題もあるようです。

しかし、このような地域で信頼される優良な小売企業で良質なジビエ商品が常に並び、各種イベントなどを通じて定期的な需要刺激が行われ、最終消費者と地元ジビエの接触機会があるということは、地域のジビエ流通拡大にとって非常に大きな役割を果たしているはずです。

（伊藤匡美）

4 料理人からみたジビエの魅力

❶ 日本でのジビエ文化の始まり

古のヨーロッパでは貴族が自分の広大な領地で狩猟を楽しみ、捕獲した鳥獣をお抱え料理人に調理させて味わっていたといいます。特にイノシシやシカなどの大型動物は特権階級の獲物で、庶民は小型動物や鳥類を捕獲したと言われます。また、ジビエ料理の味わいに合わせてワイン醸造の技術が発展してきました。このように「ジビエ」と「ワイン」は切り離せない関係にあり、歴史ある贅沢な食文化と言えるでしょう。ヨーロッパでは、今でも秋から冬にはジビエを楽しむのが一般的です。レストランで味わうばかりでなく、マルシェ（市場）や肉屋には、ウサギやイノシシ、カモなど様々なジビエの食材が並び、家庭でジビエを楽しむ人も多くいます。ここが日本と大きく違うところです。このような違いの背景には、肉食文化の歴史の長さの違いがあります。

ヨーロッパには、捕獲しすぎて数が少なくなってしまった鳥獣を一定期間飼育したあとに野生に放って捕獲する、半野生のジビエもあります。また、シカは「ダマシカ」や「ノロジカ」など、日本のシカより大型のものが多くいます。そして、クリスマスにはシカ肉を食べる習慣があります。

近年、日本では野生鳥獣による農林業への被害が深刻化し、環境省の示す捕獲計画に沿ってシカとイノシシの捕獲が行われています。捕獲数はシカとイノシシ合わせて一二四万三〇〇〇頭（二〇一九年）で、そのほとんどは埋設または焼却処分されています。「ジビエ」として食肉利用されているのは、捕獲されたもののうち、わずか数％です。ところが、その状況を変化させるような動きが始まっています。以前は個体数を減らすことに重きが置かれていましたが、二〇一六年一二月に「鳥獣被害防止特別措置法」が一部改正され、有害鳥獣として捕獲したシカやイノシシを食品として利用することや、食品としての利用を促進するために必要な施設の設備拡充や人材育成、国民の理解の増進について必要な施策を講ずるという方針が示されました。これにより、今後日本では、捕獲したシカやイノシシは処分するのではなく、積極的に「ジビエ料理」として活用する方向にシフトしています。

❷ ジビエの魅力は肉質の個性

料理人として感じるジビエの魅力は、味の「個性」です。牛や豚などの家畜は決められた餌を食べ、出荷までに飼育される日数も決まっていて、雌もしくは去勢された雄しかいません。飼育しやすく肉がたくさん取れる血統を選んで育てるので、肉質は比較的均一です。

一方、野生動物は生息する地域が寒冷地か温暖地か、何を食べていたか、平地で暮らしているのか険しい山に棲んでいるのか、捕獲時の年齢、性別、季節によって、肉質がまったく異なります。それぞれの個性に応じて、調理の方法、加熱の加減、味付け、付け合わせ、ソースまで変え、その食材を最も美味しく生かせる方法を見極めて料理に挑むのが料理人として最高の楽しみです。また、合わせるワインによって、さらに仕上げの味付けを変えていくのも料理人の腕の見せどころです。

❸ 肉質の特徴

ジビエは総じて筋肉質です。俊敏に野山を走り回って、鍛え上げられています。餌を取れなかったり、人間に捕獲されたり、怪我をしたりと常に命の危険にさらされている彼らは、緊張感にあふれた肉体を持っています。イノシシは冬になれば背中にたっぷりと部厚い脂肪がつきますが、シカの脂肪はそこまでではなく、真っ赤な赤身が特徴です。鳥類に関しても、野生のものは筋肉が発達しています。

筋肉質で脂肪の少ない肉は調理が難しくなります。というのも、タンパク質の含有量が多く、家畜のように赤身の中に脂が入っていないので、硬くなりやすいのです。そのため、美味しく加熱調理するには、コツを掴む必要があります。それは決して強火で加熱しないことです。弱火でじっくりと加熱することで、タンパク質が急激に凝固することを防ぎ、しっとり柔らかく、肉汁を保った仕上がりとなります。

ウデやスネは特に筋肉質で、しっかりとしたスジもあるため、さらに調理が難しいのです。薄くスライスしても、挽肉にしても、硬さは際立っています。こうした部位はヨーグルトに漬け込んだり、ナシやリンゴのすりおろしを馴染ませたりしてからの加熱調理で、柔らかく仕上げることができます。また、塩麹や味噌に一~二時間ほど漬け込むのもお奨めです。塩味が強すぎる時は、塩麹や味噌をプレーンヨーグルトで好みの割合に伸ばすと良いでしょう。

また、年齢が若ければ肉のキメが細かくて柔らかく、肉の匂いも少ないとされます。年齢を重ねるごとに肉の繊維がしっかりとしてより硬くなり、個体の匂いも強くなる傾向があります。

その動物が食べているものによっても、肉質は左右されます。カモは米を食べていると、美しい白色の脂が乗り、上品な味わいとなります。一方、餌袋（えぶくろ）（※１）から硬い草の実しか出てこないような個体は、やはり脂の乗りが悪く、身が痩せています。ある猟師から聞いた話では、「キジでもシカでもイノシシでも、ドングリを食べたものは格別に旨い」のだそうです。

※１　餌袋…鳥や魚の胃袋の呼び名。

図３－４－１　オーベルジュ・エスポワールの店内

❹日本で楽しめるいろいろなジビエ

筆者のレストラン、オーベルジュ・エスポワール（図３－４－１）では、狩猟で獲れた様々な野生鳥獣を食材として扱っています。ジビエ料理には、人を魅了する特別な力があると思います。家畜と違い、それぞれの鳥獣にそれぞれ味の個性があり、しかもその個性をしっかりと引き出し調理したジビエ料理は、このうえない美味しさの感激をお客様へもたらします。

同じ種類の獣や鳥類でも、性別、年齢、捕獲した地域（餌場）や捕獲した人など、一つとして同じ肉質、味、香りはないと思います。決してそれぞれが美味しい・不味いということではなく、その個性を料理人が見極め、

図３－４－２　ヤマシギのポワレ アバペースト添え
（6ページ、口絵20）

図３－４－３　ヤマバトのパイ包み焼き ジビエの赤ワインソース
（6ページ、口絵21）

それにあった加熱方法、調味料、付け合わせ、ソースなどを瞬時に決めてお客様に提供することができないとジビエ料理は美味しくないと言われてしまいます。

●ヤマシギ（山シギ）

ヨーロッパでは鳥類が花形。特に珍重されるのがヤマシギで、「ジビエの王様」と呼ばれています（図3ー4ー2）。内臓の風味に特徴があり、アンチョビのような香りがします。肉はポワレ（フライパンで焼くかロースト（オーブンで焼く）、内臓はペーストにしてバゲットに塗り、トーストしてから皿に添えるのが王道の食べ方とされています。田んぼや沼にいるタシギ（田シギ）はヤマシギより少し小ぶりですが、風味は似ています。

ヤマシギは日本のフランス料理業界でも大人気ですが、フランスでは禁鳥（※2）になり、ヨーロッパからの入荷が激減して、さらに希少なジビエになっています。しかし、日本ではヤマシギもタシギも狩猟鳥として認められています。筆者のレストランがある長野では、合わせて一日五羽まで捕獲して良いとされ、地元のハンターから時々入荷しています。

図３－４－４　ムクドリとヒヨドリのポワレ 八角と蜂蜜の赤ワインソース
（６ページ、口絵22）

●その他の鳥

ヤマバト（山バト）は赤褐色の身で、鉄分を感じる力強い味わいです。そのまま焼いても、パイ包みにしても美味です（図３－４－３）。キジは淡泊な白身で、肉がパサつかないように注意して加熱します。ガラからは非常に良いダシが出ますので、ぜひスープも楽しんでいただきたいです。ムースやポトフ、燻製など様々な料理に向いています。

長野県で仕留めたムクドリ、ヒヨドリは、リンゴなどのフルーツを食べるため冬は脂が乗ります。骨まで食べられるよう加熱調理してあるので、一羽ごとお楽しみいただけます。スパイスの効いた少し甘めのソースとよく合います（図３－４－４）。

カモ類は種類が豊富で、青首と言われるマガモの他、コガモ、オナガガモ、カルガモ、ハシビロガモなどがあります。狩猟の始まる一一月から年内は脂が乗っています。やや鉄くささを感じる味ですが、新鮮なものはクセがなく、ジビエ初心者でも食べやすいと言われています。

●シカ・イノシシ（図３－４－５～７）

シカとイノシシは、日本の多くの里山で昔から食べられてきた歴史があります。多くの地域でシカは刺身や紅葉鍋で供されてきました。イノシシは鍋がポピュラーですが、地域によっては刺身を楽しむところもあるといいます。前述のように、ジビエの生食は、寄生虫やＥ型肝炎ウイルスなど

図3－4－6　皮付きイノシシバラ肉のリースリング
（6ページ、口絵24）

図3－4－5　子イノシシ骨付き背肉のロティ パースニップを包み込んだパイヤッソン添え
（6ページ、口絵23）

図3－4－7　シカ肉のポワレ ジン香るジビエの赤ワインソース
（6ページ、口絵25）

への感染リスクがあり非常に危険ですので、絶対に行わないようにしてください。フレンチやイタリアンでは、背ロースやモモ肉をステーキにするのが一般的です。

イノシシは、背中の縞模様が消える頃の子イノシシも使いやすいとされます。この大きさなら、骨付き肉として形良く華やかに盛り付けることができるからです。レストランなどで毎年冬に作られている子イノシシの骨付き生ハムも、熟成させるにはほど良い大きさです。

シカやイノシシは、豚肉や牛肉で作る様々な家庭料理に応用しやすい素材です。シカは唐揚げやシカ版油淋鶏など、揚げ物にも合います。イノシシは生姜焼きや肉巻きなどの豚肉料理の豚の代わりとして使いやすく、青椒肉絲、酢豚など、中華のおかずにも向いています。

図３－４－９　ツキノワグマのグリル ２種類のベリーソース
（7ページ、口絵27）

図３－４－８　ツキノワグマのブロシェット 干し柿と木の実のアクセント
（7ページ、口絵26）

●ツキノワグマ（図3－4－8、9）

ジビエの中でも、ツキノワグマは最近まで、美味しくない食材であると自分の中で決めていました。猟師からは美味しいとも言われていますが、今まで様々な産地のものを試してきたものの、美味しいと言えるものはありませんでした。美味しくなるようにチャレンジし、焼いたり、煮こんだり、燻製にするなど調理方法を改善したのですが、食べる価値のある肉とは、とうてい言えない印象でした。そのため、珍しさの点から、ツキノワグマを食べてみようかという程度でした。

そんな話を鳥取県の方に話したところ、数年に一度美味しいクマ肉が獲れるので、獲れたら送りますと言われました。実際に送ってもらうと、感激するほどの美味しさでした。脂の甘味、赤身肉のうま味があり、今まで感じた臭みはなく、そして柔らかい肉質から「これがジビエか？」と思うくらいでした。身近な味に例えるならば、国産の牛肉の味に近いかもしれません。料理人として自分が美味しいと思う食材でなければレストランの料理には使いたくないのですが、このツキノワグマの場合は、瞬時にその味に惚れ込みました。今までのクマと何が違うのか、今までのクマがどのような食性で、どういう場所で生活していたかは分かりません。しかし鳥取のクマは、数年に一度地域の柿が豊作の時に冬眠前に山から降りてくるものが最高に旨いと言われているそうです。雑食性のツキノワグマは、食べている餌によって肉の味や香りが大きく左右されます。

過去に経験したツキノワグマは、きっと様々な雑食餌を食べていることで、不味いと感じる肉質になってしまったと考えました。家畜と違いジビエは、いかに地域の方とコミュニケーションをとり、いつ仕入れをするジビエが良いかを確認する必要があり、調理技術だけではカバーできない部分があるように感じます。

私の店で提供しているツキノワグマ料理には、ツキノワグマの洋風すき焼き、骨付きロースの赤ワイン煮込み、ツキノワグマのタルタル風などがあります。ツキノワグマの洋風すき焼きは、スライスしたロース、モモ肉と小川で摘んだクレソン・セリを白醤油、天然鴨でとったフォン（ダシ）で割り下を作り、お客様のテーブルで固形燃料を使用してすき焼きを仕上げます。割り下が沸騰して肉に火が入ったらできあがりです。骨付きロースの赤ワイン煮込みは、香味野菜と赤ワイン、ウイスキーで骨付きロース肉を弱火で煮込んだ料理です。煮込んでも食感が残る脂と柔らかく煮込まれた赤身肉、赤ワインとウイスキー、野菜のうま味がしみ込んだ肉は、ツキノワグマが持つ個性と融合して料理全体の奥深い味が楽しめます。

ツキノワグマのタルタル風は、モモ肉とシカと赤ワインで煮込んだフォンで真空調理し、ローストビーフのように仕上がった肉を細かくたたき、根セロリ、パースニップなどの西洋野菜のさいの目切りとゆで卵、マヨネーズ、フレンチマスタードと合わせタルタルを作り、柔らかく茹でたちりめんキャベツで包みます。

※2　禁鳥…法律で狩猟が禁止され、保護されている鳥類。

❺ ジビエの栄養的特徴

野生動物は運動量が多いため、高タンパク質で低カロリーなのが特徴です。シカ肉もイノシシ肉も鉄分が豊富で、特にシカ肉は一〇〇gの摂取で一日の必要量の三〇%をカバーできます。ビタミンB_2やB_{12}、亜鉛などのミネラル成分も豊富です。ビタミンB_{12}をみると、シカ肉では一日の必要量の五四%、イノシシ肉は七一%を摂取することができます。

以前出会った女性キックボクサーは、試合前の一カ月間は必ずシカ肉をたっぷり取り寄せて、食べると言っていました。試合に備えて体力は維持しなければならないものの、減量のために脂肪を摂取したくないから、というのが理由でした。筋肉の維持が大切な運動選手だけでなく、育ち盛りの子供や、知らず知らずのうちにタンパク質の摂取不足に陥りやすい老人、美容と健康を維持したい女性にもお奨めです。

❻ 飲食店におけるジビエの安全管理の留意点

二〇一四年に厚生労働省が「野生鳥獣肉の衛生管理に関する指針（ガイドライン）」を示しました。そこにはシカやイノシシを解体処理する際の手順や注意点、また喫食する際には肉の中心温度が七五度に達してから一分以上または同等の効力がある加熱調理を行うことなどが明示されており、安

図3－4－10　普及啓発活動の例
筆者によるエコール辻東京（調理師学校）での特別授業。

全に解体処理や調理ができる方法の確認が可能となりました。しかし、解体処理や調理に携わる人々にはまだ浸透しきっていません。

ガイドラインには強制力がなく、ガイドラインを守って解体処理するかどうかは、携わる人の良識に委ねられている状況です。しかし、飲食店や消費者からすると、衛生管理された安全なものを求めるのが当然で、ガイドラインが守られているかどうかを確認する手段として、二〇一八年五月に「国産ジビエ認証制度」が制定されました（第3章2 ジビエの安心・安全、❸国産ジビエ認証制度の概要 参照）。

一方で、飲食店でも正しいジビエの取り扱いが求められています。飲食店で提供する際は、食肉処理施設で解体処理された肉でなければなりませんが、そういった施設を持たない猟師から直接仕入れていたり、自分で捕獲して山で捌いたものを使っていたりという例もあるようです。

また、寄生虫やウイルスなどの感染を防ぐため、十分な加熱調理が必要ですが、残念ながら刺身やカルパッチョ、中心がレア（生）のステーキといったメニューで提供している店も見かけます。ジビエブームでメニューに載せる店が増えていますが、飲食店は率先して安全な取り扱いに留意し、美味しい料理を通じてジビエの普及に努めていただきたいと思います（図3－4－10）。

（藤木徳彦）

5 ジビエの加工――野生動物肉の研究などから

❶ 肉としての特徴と利用の可能性について

現在、野生動物による農作物の食害や接触事故などが増加の一途をたどり、農林水産省の統計では有害鳥獣による農業被害額はいまだ一六〇億円近くに達しています。そのため、個体数の調整を含め、貴重な自然資源であるシカやイノシシをジビエとして有効利用する試みが全国で行われ、地方創生を目指し、地域活性化事業を立ち上げています(1)。

シカやイノシシの肉は牛肉や豚肉に比べ高タンパク質かつ低カロリーで高栄養価であり、現代人に不足しているとされる鉄分の含有量も非常に高いことが知られています。しかし、これらのジビエの特性については未だ不明な点も多く、また狩猟後の取り扱いの不備などにより、残血（ざんけつ）（※1）による濃い肉色と臭いが問題となってきました。

食肉製品において、製品の保存期間中の酸化は製品の品質劣化に直結する懸念事項です。食肉の酸化には脂質酸化やタンパク質酸化があり、酸化が起こると食肉製品の風味や色調が著しく損なわれます。

野生動物であるシカ肉は食肉に比べ、ヘム鉄などの鉄分や多価不飽和脂肪酸（※2）を多く含むため、脂質酸化の影響を受けやすく、さらに酸敗臭（※3）を引き起こしやすくなることもあります。[2] そのため、シカ肉を利用した食用製品の製造で、品質維持を良好に行うため、製品の脂質酸化を防ぐ食品添加剤や加工方法について検討することも重要な課題です。

現在、ジビエを使っての加工品はソーセージや缶詰などがみられますが、捕獲地域の特産品という扱いが多く、一般への流通はまだこれからの課題と考えられます。加工方法に関しても、量産されていないため、新しい技術の導入までには至っていないのが現状です。

肉の血液除去を促進し血生臭さを抑える方法の一つに、調理加工前に塩漬剤（※4）で処理する「血絞り」というものがあります。その血絞りについて、麻布大学では、シカ肉やイノシシ肉の品質向上の可能性をみることを目的に、それらの肉素材を用いた食肉加工品を作成し、野生動物肉の食肉利用の可能性について、検討しました。

さらに、これらの研究ではシカ肉ジャーキーの加工適性、ならびに保湿剤として種々の食品に使用されているトレハロース添加による影響などを調べ、野生シカ肉の食肉利用の可能性について検討しました。ジビエの加工品としての特性を、その研究とともにみていきたいと思います。

※1　残血…血管内に血が残っている状態。
※2　多価不飽和脂肪酸…魚や肉の動物性脂肪に含まれる不飽和脂肪酸のなかでも、ＤＨＡ（ドコサヘキサエン酸）、ＥＰＡ（エコサペンタエン酸）など、人間の身体に良い複数の脂肪酸を持つ。
※3　酸敗臭…油脂が熱や細菌、酸素、水分などにより酸化して発する刺激臭。
※4　塩漬剤…ハムやソーセージを作る際に用いる添加物。極微量の亜硝酸塩、硝石、結着補強剤（リン酸塩）を含み、食感や発色を向上させる。

❷ シカ肉・イノシシ肉の加工に関する研究

● 肉質および加工適性に及ぼす血絞りの効果

〈目的〉

シカ肉に血絞りを行うことによる肉質や肉の加工への影響について調べました。同時に、ベーコンについても血絞りの影響も調べました。さらに、シカ肉・イノシシ肉混合ソーセージ、野生動物肉製品の消費者受容性も調べました。

〈方法〉

まず、シカ肉（長野県、神奈川県で採取）を血絞りしたもの（血絞り区）、血絞りしていないもの（無処理区）に分けて、調べました。

シカ肉について、血絞りの有無が肉質や加工にどのような影響を及ぼすのかについて試験を行いました。血絞りは重量比一％の塩化ナトリウム（NaCl）と〇・一％の塩漬剤を用い、これらを乾塩漬（※5）方式でシカ肉表面に擦り込み、重石をして一晩置きました。それを流水で数分洗い、キッチンタオルで肉表面の水気を除いたあと、生肉の状態で全ヘム色素量(3)の測定を行いました。

また、pH値およびクッキングロス（加熱肉汁損失率：七五℃で二〇分間加熱し、肉重量に対し加熱で生じる肉汁量の割合）を測定しました。これらの項目は肉質の中で色調、保水性、酸性度を調べるために測定しています。

次にシカ肉を解凍後、血絞り区と無処理区で湿塩漬（※6）にてベーコンを作成しました（図3－

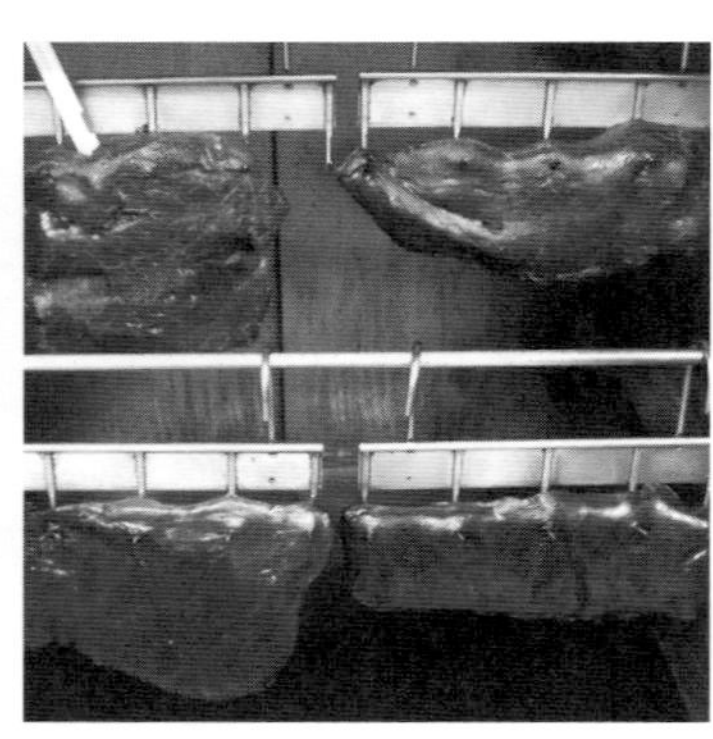

図3−5−1
シカ肉ベーコン（燻煙後）
（7ページ、口絵28）

図3−5−2
シカ・イノシシ混合ソーセージ
（上は豚腸、下は羊腸に充填）
（7ページ、口絵29）

5−1）。方法としては七日間塩漬し、五五℃で温燻煙後、最終的に肉の中心温度が七二℃になるまで加熱しました。塩漬液として、基本的に食塩、砂糖、発色剤（亜硝酸ナトリウム、硝酸カリウムからなる塩漬剤）、発色助剤（アスコルビン酸とそのナトリウム塩）、香辛料（白コショウなど）からなる溶液を作製しました。作ったベーコンの重量を測定後、官能検査を実施しました。評価項目は色、香り、味、歯応えの四項目とし、麻布大学で食品科学を専攻する二〇〜二一歳の男女学生二一人に評価してもらいました。その評価は評点法で行い、最も好ましいものを三、最も好ましくないものをマイナス三とし、七段階で評価しました。

　また、シカ肉・イノシシ肉混合ソーセージ（シカ肉：イノシシ肉の重量＝三：一、図3−5−2）を常法で作り、アンケートにより野生動物肉製品の消費者受容性を調べました。項目

表３－５－１　シカ肉ベーコンの官能検査結果

項目	無処理区	血絞り区
色	0.65	1.00
香り	0.85	0.70
味	1.45[a]	0.35[b]
歯応え	1.00	0.60

＊異符号間に有意差あり（$p < 0.05$）

表３－５－２　シカ・イノシシ混合ソーセージの官能検査結果

項目	好ましい	好ましくない
色	18	9
香り	26	1
味	27	0
歯応え	24	3
総合評価	27	0

は色、香り、味、歯応えおよび総合評価の五項目で行い、またソーセージに動物脂でなく植物油を用いることで、シカ肉の味を損なわないようにしました。

〈結果〉

全ヘム色素抽出後の吸光度を血絞り区と無処理区で比較しましたが、血絞りによる肉質への影響は確認できませんでした。加工特性についても血絞り区と無処理区で、ｐＨとクッキングロスに大きな差はなく、血絞りの影響は特に認められませんでした。

シカ肉ベーコンの官能検査結果は表３－５－１のとおりで、味は血絞り区が〇・三五、無処理区が一・四五で、無処理区の方が有意に高い値を示し、血絞りにより味が低下する傾向がみられました。色、香り、歯応えについては、血絞りによる影響は確認できませんでした。また、ベーコンの最終収量は両方とも約九〇％ありました。

本来、血絞りは肉の品質向上に使われる技術のため、これは予想外の結果となりました。そこで、この実験でこのような結果が出た原因として、今回使用したシカ肉の放血状態が良かったことが考えられます。おそらく今回の狩猟者のスキルが優れていて、シカの急所を射抜いたものと想像されます。その場合、血絞りで残血を取り除く必要性はなく、流水で洗う工程でうま味成分が流出したと考えられました。

シカ肉・イノシシ肉混合ソーセージに関するアンケート（表３－５－２）では、

色に対して、「好ましい」が一八人、「好ましくない」が九人で、三人に一人は赤い色を好まない傾向がみられました。香りは、「好ましい」が二六人、「好ましくない」が一人、味は、「好ましい」が二七人、「好ましくない」が〇人、歯応えは、「好ましい」が二四人、「好ましくない」が三人で、それぞれの項目でこのソーセージに対して高い消費者受容性が確認できました。総合評価でも「好ましい」が二七人、「好ましくない」が〇人と、高い消費者受容性が得られました。

※5　乾塩漬…塩を食肉に直接すり込む塩漬方法。
※6　湿塩漬…塩水にスパイスや砂糖などを加えた溶液に、食肉を浸して塩漬する方法。

●シカ肉の脂質酸化に及ぼす血絞りの効果

〈目的・方法〉

シカ肉について、血絞りが脂質の酸化にどのような影響を及ぼすのかについて調べました。

神奈川県丹沢湖周辺で捕獲されたシカ肉（モモ部分）を用い、血絞りしたもの（血絞り区）、血絞りしていないもの（無処理区）に分けました。それぞれ冷蔵保存（〇℃）、または凍結保存（マイナス二〇℃）しました。

シカ肉の冷蔵保存（生肉冷蔵区）は〇、一五、三〇日、凍結保存（生肉凍結区）では〇、一・五、三、四、五カ月の各保存期間において、脂質酸化の指標としてTBARS値（試料キログラムあたりのマロンジアルデヒドミリグラム）[4]を測定しました。また血絞りしたシカ肉でベーコンを作りました。方法は前述の湿塩漬で行い、できあがったベーコンをマイナス二〇℃で凍結保存しました。

〈結果〉

生肉冷蔵区は、ＴＢＡＲＳ値が無処理区と比べ血絞り区で有意に低い値となりました（p<0.05）。生肉凍結区でも同様の結果でした。

またベーコン凍結区では、無処理区と血絞り区間に有意な差はみられませんでしたが、これは塩漬によって血絞りと同様の効果がもたらされたためと考えられました。生肉と製品（ベーコン）を比較すると、製品の方が有意に低い結果が得られた（p<0.05）ため、塩漬を行う方が血絞りを行う以上に脂質の酸化を抑えられる結果が本実験で示されました。

●シカ肉ジャーキーにおける発色剤および保湿剤の効果

〈目的・方法〉

シカ肉ジャーキーの製造過程で発色剤を添加し、保存に保湿剤を用いた場合の保存性について検討を行いました。

シカのモモ肉（神奈川県秦野市ヤビツ峠周辺で採取）を冷蔵庫（二℃）で七日間熟成させたものを解体し、残血を取り除くため食塩を加えた水で浸透圧を利用しながら一五～二〇分間洗い、さらに水洗いを行いました。その後、シカ肉発色剤無添加区と発色剤添加区（亜硝酸ナトリウムを一〇〇ｐｐｍ添加）を調製し、官能検査を行いました。

官能検査の評価項目は色調、香り、味、食感の四項目とし、麻布大学で食品科学を専攻する二〇～二二歳の大学生一九人に評価してもらいました。五段階評価で最も好ましいものを五、最も好ましくないものを一としました。

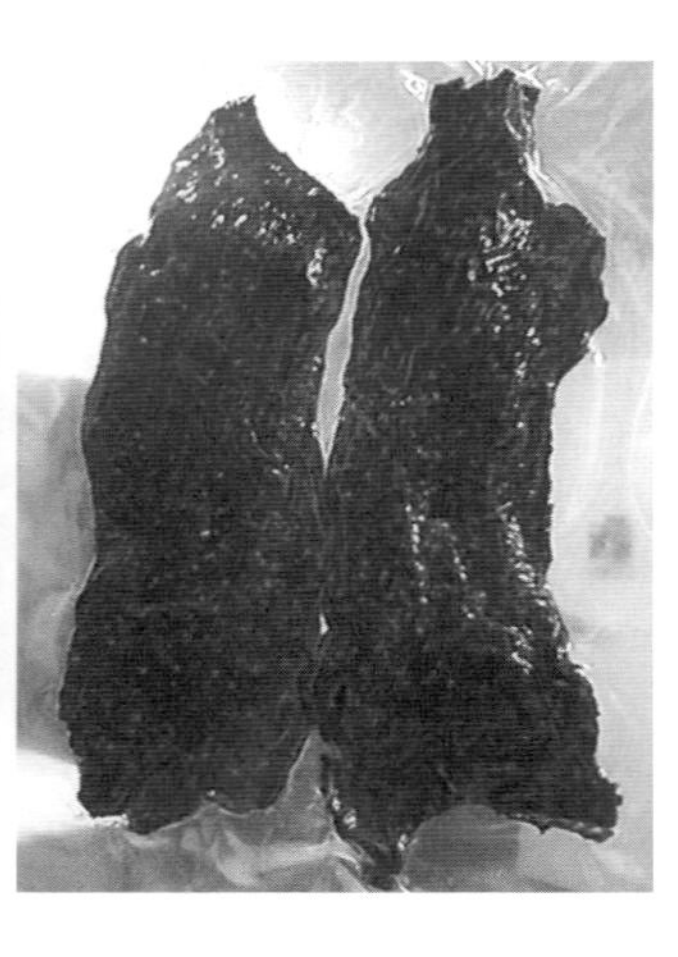

図３－５－３　シカ肉ジャーキー
（燻煙し、最終的に加熱処理）
（７ページ、口絵30）

次に、表３－５－３に示すような三種のジャーキーを調製しました（図３－５－３）。表３－５－３にその試験区と実験条件の詳細を示します。これらのシカ肉を漬け込み液（赤ワインと醤油ベース）に二四時間漬け込み、その後流水で一〇分間塩抜きを行いました。それぞれ塩抜きを行った試料を、燻煙機内に敷いた網の上に置き、乾燥・燻煙工程（庫内温度二〇℃、六〇分）後に加熱工程（庫内温度八〇℃、蒸煮なし）を、中心温度七〇℃に達したあと、三〇分以上行いました。

その後、燻煙室内で風乾し（室温一六・三℃、湿度五〇・七％、二四時間）、真空包装し冷蔵庫（一〇℃以下）で保存しました。これらの方法で得られた三試験区について、水分（％）および水分活性を常法で測定しました。

〈発色剤の効果〉

シカ肉ジャーキーの官能評価から（表３－５－４）、色調において発色剤無添加区より発色剤添加区の方が有意に高く、食感において発色剤無添加区より発色剤添加区で有意に低い結果となりました（p<0.05）。ジャーキーでは食塩を添加することに加えて乾燥をよく行うので、保存に関して発色剤の添加が必須でないと考えられますが、色調に関しては発色剤を添加した方が好ましい

表３－５－３　シカ肉ジャーキー試料の塩漬条件

試験区	塩漬条件
発色剤無添加区	—
発色剤添加区	塩漬剤*1% 添加
発色剤＋保湿剤添加区	塩漬剤*1%＋保湿剤 20% 添加

表３－５－４　シカ肉ジャーキーの官能評価

項目	発色剤無添加区	発色剤添加区
色調	2.68[a]＊	3.74[b]
香り	3.37	3.26
味	3.79	3.72
食感	3.53[b]	2.68[a]

＊異符号間に有意差あり（$p < 0.05$）

結果が得られました。

一方で香りや味に有意差が認められず、食感では無添加区の評価が高かったことから、官能的特性として発色剤を添加する利点は一般の食肉製品より低いと思われます。

〈保湿剤の効果〉

シカ肉ジャーキーの官能評価では、色調において「発色剤無添加区」より「発色剤＋保湿剤添加区」の方が有意に高く（$p<0.05$）、柔らかさにおいて「発色剤添加区」より「発色剤無添加区」が、また「発色剤＋保湿剤添加区」より「発色剤無添加区」の方が有意に高い結果となりました（$p<0.05$）。ジャーキーは、食塩を添加することに加えて乾燥をよく行うので、保存に関して発色剤添加が必ずしも必要ではありませんが、色調に関しては発色剤を添加した方が好ましいと判断されます。

柔らかさに関しては「発色剤無添加区」が最も高く、保湿剤としてグリセロールやソルビトールを用いた研究結果[5]と異なり、トレハロースによる軟化効果がみられませんでしたが、官能評価に用いた「発色剤無添加区」が他の二添加区よりやや分厚かったことが影響したのかもしれません。

水分含有量および水分活性の変化を図３－５－４、図３－５－５に示します。水分含有量は、シカ肉で乾燥開始時に七八・三％から七二時間後に二八・五％、牛肉で七四・五％から二七・八％と工程に伴い低下しました（図３－５－４）。

これらの肉試料間で有意差はみられず、シカ肉でも牛肉と同様の乾燥時間で、十分に水分含有量が低下しました。

水分活性では、シカ肉が乾燥二四時間時点で〇・九六から七二時間後に〇・七一、牛肉は七二時間後に〇・六九となりました（図3－5－5）。水分活性に関してシカ肉と牛肉の間には有意差はみられず（$p<0.05$）、乾燥時間を増やすことによって同様に減少していくことが分かりました。

以上の結果から、シカ肉においても牛肉同様の乾燥時間で、問題なく水分や水分活性が低下し、乾燥食肉製品の加工にも適すると考えられます。また水分は、「発色剤無添加区」＜「発色剤添加区」

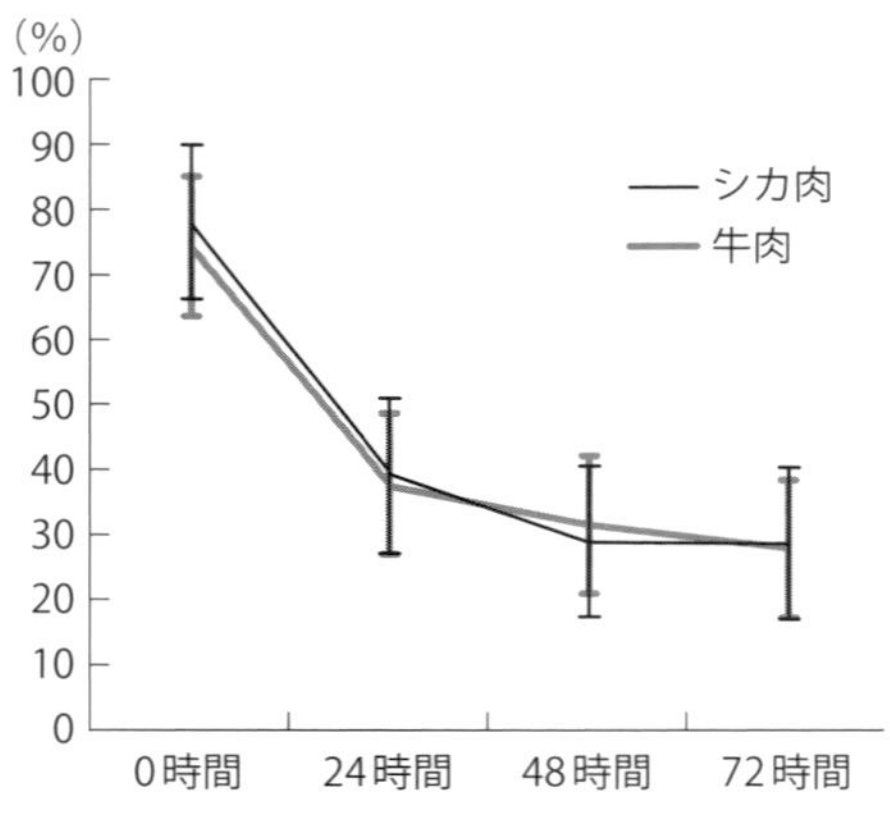

図3－5－4　乾燥時間による水分含有量の変化

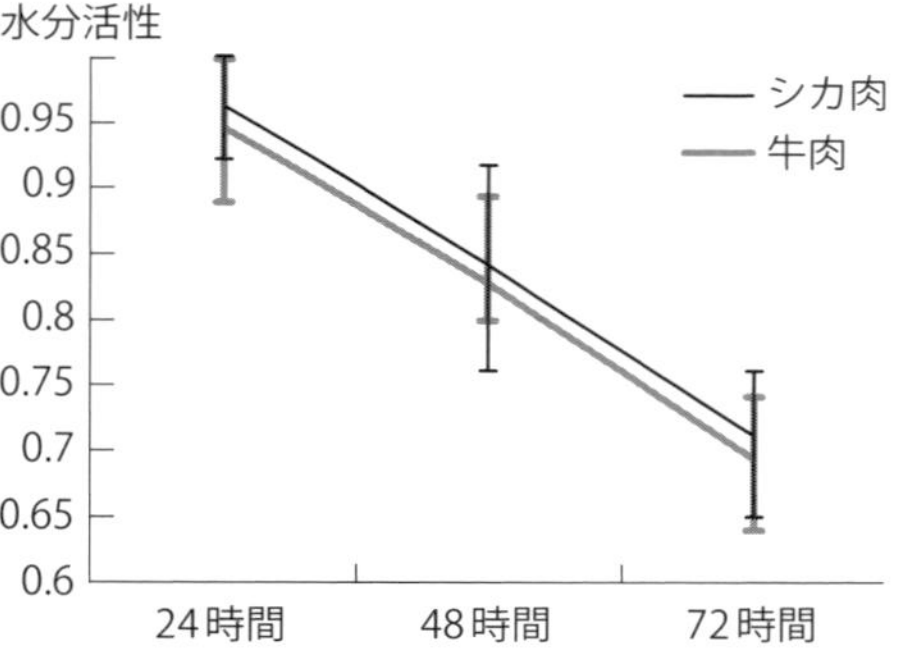

図3－5－5　乾燥時間による水分活性の変化

＜「発色剤＋保湿剤添加区」の順に増加しました。水分活性の値で「発色剤添加区」＜「発色剤＋保湿剤添加区」の結果より、保湿剤は水分含量同様、水分活性の値も増加させる可能性があると考えられます。

❸ 最近の研究課題

これまで日本畜産学会大会やアグリビジネス創出フェアなどで公表した研究課題のうち、ジビエの加工品の利用に関する研究シリーズを紹介します。ジビエの加工による可能性、魅力を引き出すことを目的に研究を行ったものです。

●シカ肉製品における落花生粉末添加による脂質酸化抑制効果

現在、落花生は抗酸化物質のビタミンＥを豊富に含むことで注目を集めています。そのため、シカ肉における落花生の脂質酸化抑制効果を調べました[6]。

落花生粉末の抗酸化作用をみるため、ラジカル消去活性（※７）を測定しました。脂肪や赤肉の脂質酸化に対して、どの程度効果を発揮するのかを調べるために、落花生粉末を加えた豚背脂肪、シカモモ挽肉、シカ肉モデルソーセージを用いて脂質酸化指標であるＴＢＡＲＳ値を測定しました。試料として無添加区、落花生粉末一％添加区、アスコルビン酸ナトリウム（NaAsA）〇・一％添加区を作製し、豚背脂肪はラードにしたもので実験を行いました。

その結果、落花生粉末は、濃度依存的に高いラジカル消去活性を示し、豚背脂肪、シカモモ挽肉

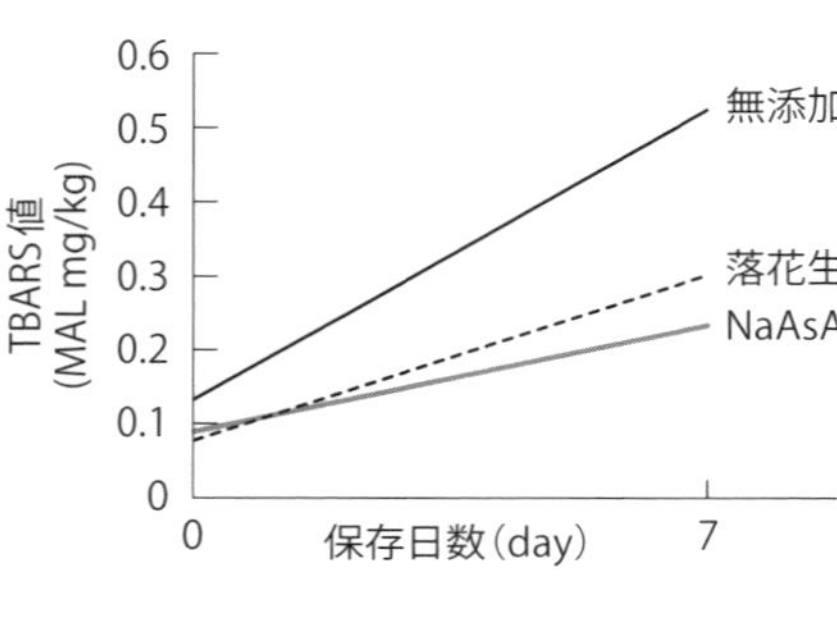

図３－５－６　シカモモ挽肉のTBARS値の変化

（図３－５－６）、シカ肉モデルソーセージのすべての項目で落花生粉末添加区が無添加区よりも有意にＴＢＡＲＳ値の増加を抑制したことから、脂質酸化の抑制効果が高いことが分かりました。また官能評価では、落花生粉末添加による香ばしい風味がシカ肉に与えられることが認められました。

●ジビエの利活用：消化酵素処理による生理活性の発現

シカ肉とイノシシ肉を対象に酵素消化後の抗酸化作用とともに、ＡＣＥ（アンジオテンシン変換酵素）阻害活性から血圧上昇抑制作用などの保健機能性について研究を行いました。[7][8]

使った肉は、シカ肉が長野県、イノシシ肉が鳥取県、豚肉が神奈川県産、牛肉が豪州産でした。各種サンプルは調理後の体内における消化吸収の条件を考慮して、挽肉量の二倍量の蒸留水で攪拌（かくはん）後、七〇℃で三〇分加熱を行いました。その後、胃粘膜由来の消化酵素であるペプシンを添加後三七℃で二時間加温を行い、膵臓由来の消化酵素であるトリプシンとパンクレアチンをペプシンと同量添加し、再び三七℃で二時間加温を行いました。消化酵素を加えていないものを未処理区、ペプシンのみを添加した分解物をペプシン（ｐｅｐ）処理区、すべての消化酵素を加えた分解物をペプシン・トリプシン・パンクレアチン（ｐｅｐ／ｔｒｙ／ｐａｎ）処理区とし、消化酵素別に比較しました。抗酸化効果試験は、ＤＰＰＨラジカル消去活性を測定し、抗酸化作用の指標であるＴｒｏｌｏｘに換算しまし

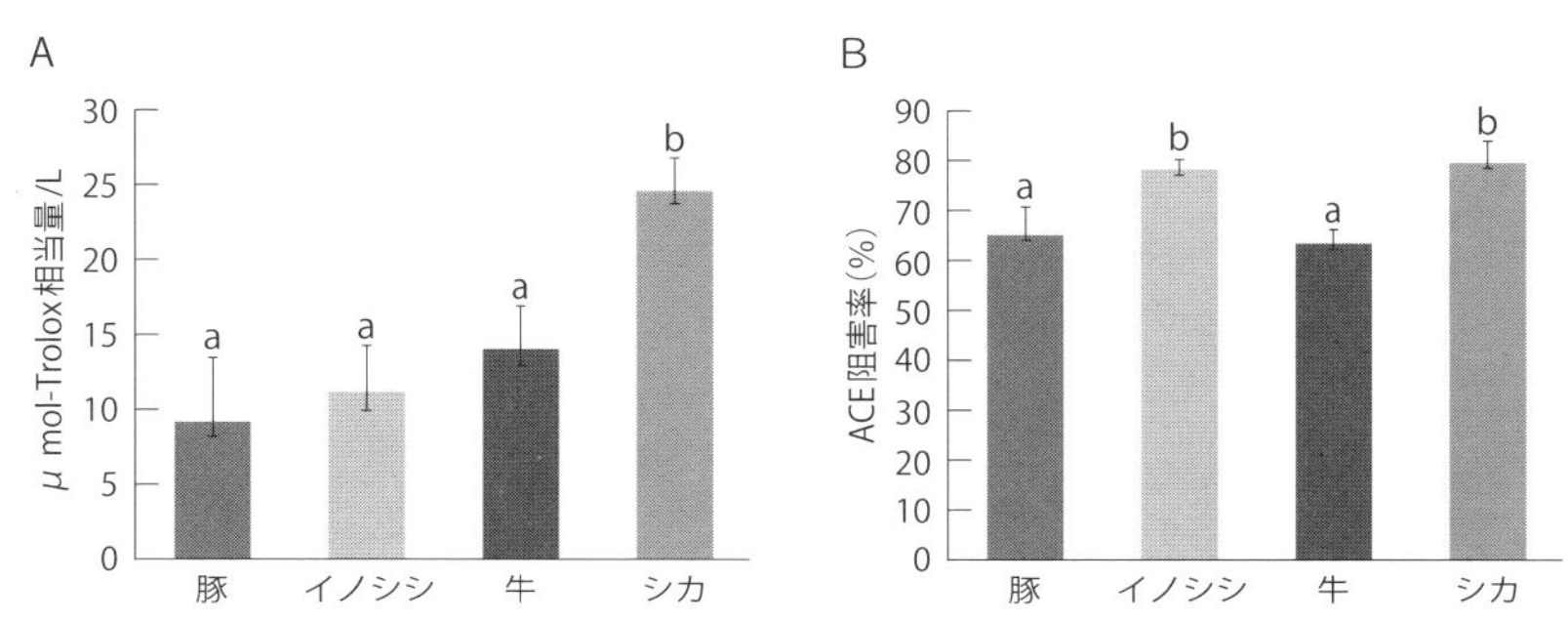

A. DPPHラジカル消去活性、 B. ACE阻害活性.　異符号間で有意差あり（$p<0.05$: one-way ANOVA, Tukey's test）

図３－５－７　異なる動物由来タンパク質の各処理区における機能性の評価

た。血圧上昇抑制試験は、ＡＣＥ阻害活性で比較しました。

その結果、ＤＰＰＨラジカル消去活性でｐｅｐ／ｔｒｙ／ｐａｎ処理区においてシカ肉に有意に高い活性が認められました（図３－５－７Ａ）。ＡＣＥ阻害活性はｐｅｐ／ｔｒｙ／ｐａｎ処理区において活性が認められ、なかでも豚肉と牛肉に比べてイノシシ肉とシカ肉が有意に高いことが確認されました（図３－５－７Ｂ）。

以上の結果から、消化酵素処理を行ったシカ肉に、ＡＣＥ阻害活性およびＤＰＰＨラジカル消去活性を有するペプチドの存在が示唆されました。今後、消化酵素分解物の詳細な分析を行い、その成分の同定と高血圧自然発症ラットなどを用いて、これらの成分の効果を検討していく予定です。

シカ肉は、健康機能食品やサプリメントの成分などとして期待できるかもしれません。今後、成分の効果を検討しながら探っていきたいと思います。

※７　ラジカル消去活性…細胞内の物質の酸化を進める分子（ラジカル）を、特定の物質によって消去できるかどうかを計測する方法。ＤＰＰＨ法がよく用いられる。

（坂田亮一）

第4章

野生動物の交通事故

1 自動車事故

❶ 野生動物と自動車事故

野生動物が自動車事故に遭うことは昔から知られていましたが、いつごろから大きな社会問題として注目されるようになったのでしょうか？　道路と野生動物に関する研究に関しては、ある程度の数的データがあります。文献検索サイトCiNii Articlesを用いて、「野生生物と交通」に関する論文を探すと、一三六件の論文が検索されました。この論文の年代をみていくと、一九八一〜一九九一年で八編、一九九二〜二〇〇二年で五一編、二〇〇三〜二〇一二年で七七編と、一九九〇年代頃から関心が高まってきたことが分かります[1]。

また、北海道では野外で傷ついて保護された動物を、獣医学系の学部・学科を持つ大学や獣医師のいる動物園で引き取って、治療などを行う野生傷病鳥獣の救護を一九八八年から始めています。筆者の勤務する帯広畜産大学にも、その当時多くの野生傷病鳥獣が運ばれてきました。運ばれてくる動物の種類や数の多さ、そして保護された動物のほとんどが死ぬか、助かっても野生に戻せないことから、治療にあたった獣医師が喪失感を感じるようになりました。そのため、だんだんとこの問題の根本的な解決策が必要だと考えられはじめました。

❷ 野生動物の自動車事故の実態は？

解決策を考えるため、一九八二年二月～一九九五年四月までに、帯広畜産大学野生動物管理学研究室に集められた五〇〇羽の鳥類の死因や保護の原因が調べられました。その中で最も多かったのがガラスなど建物への衝突で、二六三羽（五二・六％）でした。次いで多かったのが交通事故で、一三〇羽（二六・〇％）でした。[2] また、哺乳類や両生類・爬虫類に関しては交通事故が最も多く、試しに研究室の構成員などが一九九六年四月から一九九八年三月までの二年間に道路上の動物遺体を集めたところ、全部で三〇種一五二三個体が集まりました。[3] ちなみにこの時は、持ち帰りが困難なクマとシカは調査の対象外となりましたが、調査時にはシカの自動車事故も目撃されていました（図４－１－１）。

図４－１－１　自動車事故に遭ったシカ
（７ページ、口絵31）

　これらの研究結果をもとに、研究室では、事故例の多かったエゾリス[4]やエゾアカガエル[3]について、事故防止策を北海道開発局や帯広市と進めました。ほぼそれと時を同じくして、北海道では「野生生物と交通」研究発表会という会が二〇〇二年に立ち上がり、以降現在（二〇二一年）まで年一回、通算で二〇回の研究発表会が開かれ

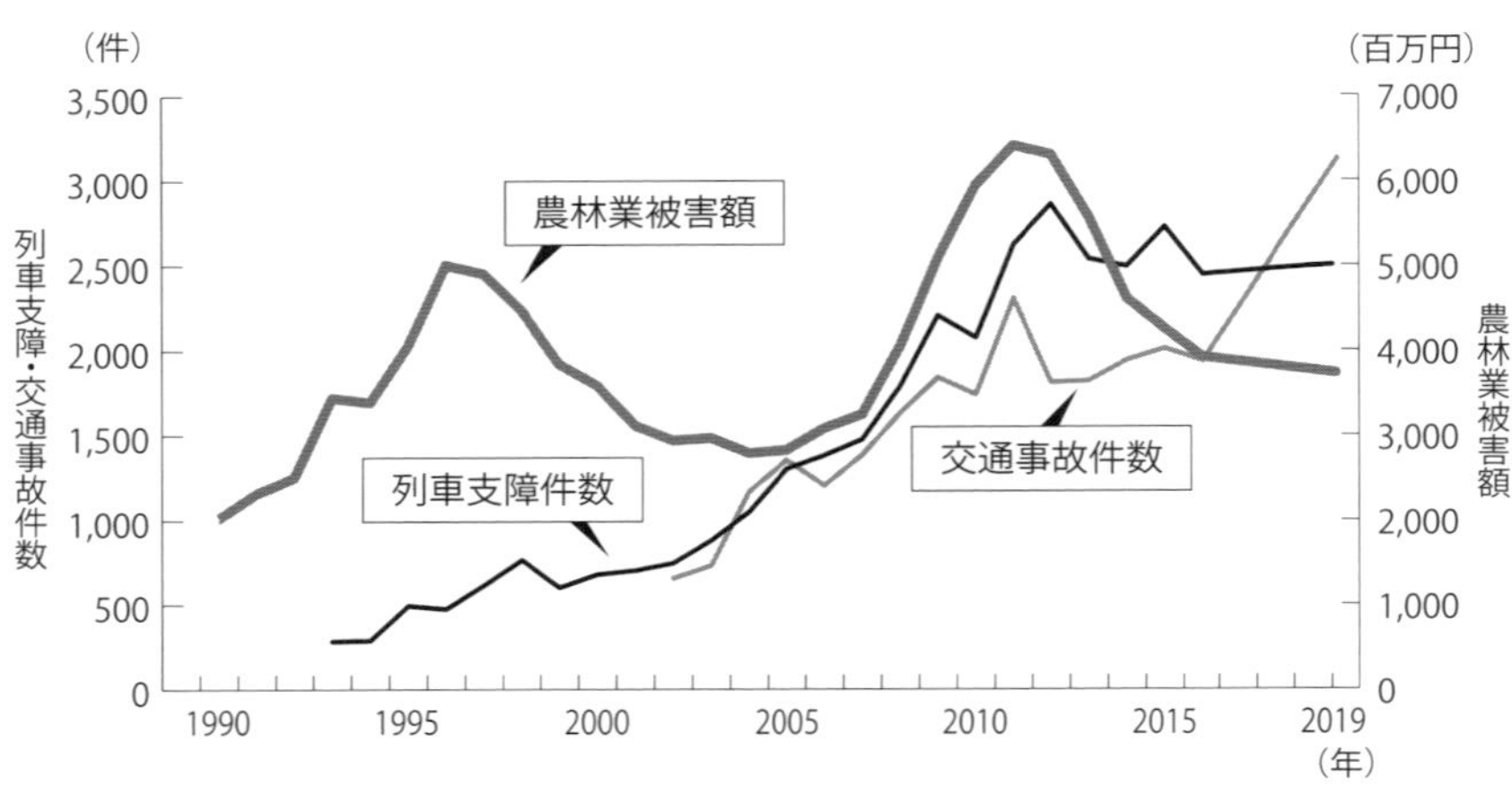

図４－１－２　エゾシカによる農林業被害額と列車支障・交通事故件数

ています。

このような「野生生物と交通」に関する研究会が全国に先駆けて北海道で立ち上がった理由の一つには、深刻なエゾシカの交通事故（自動車および列車事故）問題が挙げられますので、この研究会でもスタート時からこの問題に取り組んできました[5]。

❸ エゾシカの自動車事故

エゾシカの個体数はピーク時の二〇一〇年度の六六万頭から、二〇一五年度には四七万頭まで減少し（北海道環境生活部エゾシカ対策課）、それに伴って農林業被害額も減少しています。交通（自動車）事故件数や列車支障件数はそれほど減少しておらず、二〇一九年で交通（自動車）事故件数が三一八八件、列車支障件数が二五七五件となっています（図４－１－２）。「野生生物と交通」研究発表会の二〇年間の歴史の中では、数多くのエゾシカの交通事故とその対策に関する研究が発表されていますが、そのなかには北海道ならではのユニークで興味深い研究も含まれています。それらのいくつかについて紹介します。

まずはエゾシカとの自動車事故多発場所に関する研究ですが、効率的な事故防止策のためには、事故が多発する原因を探らねばなりません。事故自体はアクシデンタルなものですが、エゾシカが道路を横断したり、道路沿いに出没するのには様々な理由があります。そのため、事故多発場所といってもその場所ごとに理由は異なります。それを解明することによって、効率的な事故の減少が可能になります。例えば、春先に事故が多発する場所は雪解けが早く、シカにとって好適な餌場となる場合があります。このような場所では、法面（のりめん）の植生をシカが好まない植物に変えるなどの措置で事故を減少させることができます。[6]

❹ 野生動物の自動車事故への対策・対応

高速道路などの野生動物の事故を減らし、同時に道路による動物の生息域の分断を防ぐためには、人工的に動物用の移動経路を作る必要があります。実際に、道東自動車道や高規格幹線道路には、ヒグマやエゾシカ、エゾモモンガやコウモリ類など、それぞれの動物の移動様式や生態を考慮した動物用の道路横断構造物がいくつかあります。例えば同じ大型動物でも、ヒグマは道路の下をくぐるパイプカルバートなどを好んで使いますが（図４－１－３）、エゾシカは道路の上をまたぐオーバーブリッジ（図４－１－４）や橋梁下など開放感のある構造物を好みます。[7] 動物用の道路横断構造物は、それをうまく活用すれば事故を減らせるだけでなく、農業被害などを抑えることにもつながります。十勝地方の高規格道路のシカ用オーバーブリッジ（図４－１－５）は、設計段階から農

図４－１－３　パイプカルバートを通るヒグマ

図４－１－４　オーバーブリッジを通るエゾシカ

図４－１－５　高規格道路のシカ用オーバーブリッジ

耕地へのシカの侵入を抑えるために移動経路を限定する目的で作られており、周辺農地へのシカの進出を防いでいます。

またシカの自動車事故を減らす一つの対策として、欧米で用いられているディアホイッスルの効果をエゾシカで検証した例もあります。用いたホイッスルは、「ピー」という連続音のものと、「ピッピッピッ」という断続的な音の二タイプですが、特に断続的な音のものでシカの行動抑制効果が高くなりました。これは「ピッピピッピッ」という断続的な音がエゾシカの発する警戒声に似ているた

図４－１－７　静止したシカの看板

図４－１－６　躍動的なシカの看板

めであると思われます[8]。そこで、実際に野外で録音したエゾシカの警戒声を野外の個体に用いたところ、これもディアホイッスルと同様に行動の抑制効果がありました。しかしながら、動物園の飼育個体で調べたところ、その効果が慣れによってだんだんと減少することが分かりましたので、今後の利用にあたっては、その点を考慮する必要がありそうです[9]。

その他に、野生動物の交通事故現場を周知し、人への注意喚起のために動物事故の標識が設置されています。それらの標識の効果に関する調査も行われています。その結果、躍動的なシカの看板（図４－１－６）と静止したシカの看板（図４－１－７）では、躍動的な看板の方が、ドライバーに危険性を感じさせる心理的効果が高いことが分かりました。

エゾシカとの交通事故で人間側が被る損害には、重度の事故の場合、運転者や同乗者の身体・生命、自動車など財産の喪失があります。道東の四支庁（網走・釧路・根室・十勝）で一二七件の自動車事故に支払われた損害保険の総額は、五五四八万八八三五円、最低額が六万六四四八円、最大額が二〇六万八八〇〇円で、平均すると四三万六九二〇円でした。破損の状況は詳しく報じられていませんが、最も頻度が多いのが二〇万円台の支払いでした。北海道全域では、年平均約三・四億円の損失という試算額も出ています。(10)

エゾシカなどの大型動物の交通事故対策は、これまでもいろいろと工夫がなされていますが、道路の状況や季節によって対策も異なり、残念ながら現時点で絶対的に有効な手段はありません。今のところ、ドライバーが少しでも早くエゾシカなどの動物の存在に気づき、減速することが最も有効な手段と言えるでしょう。

このように「野生生物と交通」研究発表会は、これまでの歴史の中で多くの研究を蓄積し、それが実際の対策として機能しているものも多数あります。また、この研究会に集う若手の研究者を中心に、自動車事故や道路造成時の環境保全だけでなく、道路とその周辺を一つの生態系と考えて研究しようとするロードエコロジー研究会が立ち上がりました。(11) 同様に、全国レベルの研究会として道路生態研究会もできました。これら若手の研究者を中心に、ヨーロッパのIENE（Infra Eco Network Europe）やアメリカのICONET（International Conference on Ecology & Transportation）などの国際会議に積極的に参加し、発表を行っています。今後とも、これらの研究会などで活発な論議が進み、野生動物の事故の防止や道路周辺の自然環境の保全に多くの研究が寄与していってくれればと願っています。

（柳川　久）

2　鉄道事故

近年、シカやイノシシなどの野生動物の増加と生息域の拡大によって、生態系、農林業などに深刻な被害が及んでいます。新聞などでも取り上げられるように、鉄道においても走行中の鉄道車両が野生動物と接触する事故が増え、鉄道事業者の大きな負担になっています。各事業者はこれまでの経験に基づき、柵の設置など様々な対策を行っています。野生動物の増加の勢いはすさまじいことなどから、事故件数が減少に転じるまでには至っていません。なかでも、シカの接触事故が多くなっています。

野生動物と自動車の事故は、以前から「ロードキル問題」として動物学者の研究対象になっていました。しかし、野生動物と鉄道事故に関する研究事例は多くありません。鉄道車両とシカとの接触事故の発生を防ぐためには、まずその実態を知る必要があると考え、事故発生状況の調査や線路付近でのシカの行動を観察しました。また、道路での野生動物の事故対策として検討されている「音」に注目し[1]、鉄道における野生動物との接触事故防止に利用できるかを検討しました。ここでは、鉄道総合技術研究所で行った線路周辺におけるシカの行動調査の結果[2]、および新たに開発したシカ忌避音(きひおん)の効果[3]を紹介します。

❶ 鉄道における野生動物による支障の現状

国土交通省は、野生動物が関連する列車の運休や旅客列車の三〇分以上の遅延を公表しています。それによると、二〇〇八年度は動物に起因する輸送障害は一七七件でしたが、二〇一七年度には六一五件（およそ三・五倍）となっています。一方、北海道庁は一九九八年度からエゾシカが関係する列車支障発生状況を公表しています。この情報に基づき、鉄道の事故件数とエゾシカの推定生息頭数をグラフに示します（図4−2−1）。鉄道事故は、統計のある一九九三年（二八五件）以降、二〇一二年まで急速に増加して、事故件数は一〇倍の二八五八件になりました。その後は減少傾向となり、二〇一六年度は二〇一二年度と比べて一四％減少しましたが、依然として、年間二四〇〇件以上の事故が発生しています。

エゾシカの推定生息頭数は、二〇〇〇年度に三五万頭でしたが、二〇一〇、二〇一一年度には六八万頭にまで増加しました。その後、減少に転じ、二〇一六年度には四五万頭になりました。これは、二〇〇三、二〇〇四年度とほぼ同じ生息頭数にまで減少したことを示します。しかしながら、生息頭数が減少しているにもかかわらず、二〇〇四年度の一〇五二件と比べて二倍以上の鉄道事故が発生しています。この原因の一つとしては、エゾシカの生息域が急速に広がったことにより、従来は生息域ではなかった鉄道沿線の森林にもエゾシカが棲むようになったため、事故件数が減少していないことなどが考えられます。このような状況のため、鉄道事故を防止するための新たなシカ対策の開発が期待されています。

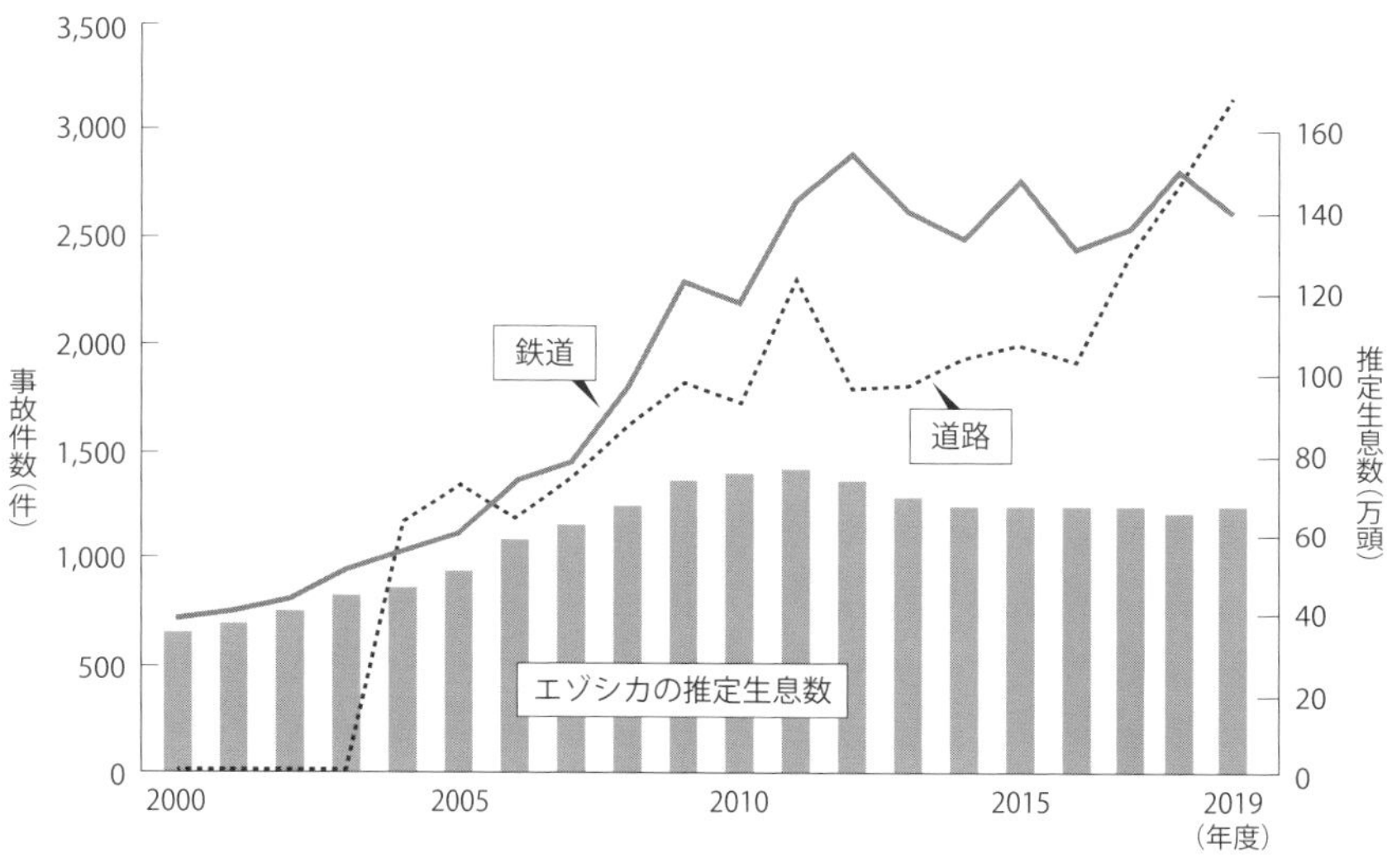

図４－２－１　エゾシカの推定生息頭数と事故件数の推移

❷ 鉄道沿線におけるシカの行動観察

シカがどのような状況で列車と接触するのかについて、過去に調査報告例がありませんでした。これまでシカとの事故が多くみられた区間で、列車前方にカメラを設置し、走行中に出没するシカの撮影を六日間行い、その行動を観察しました。その結果、シカは一五七回観察されました。そこで、シカのいた場所と列車接近時の行動から、シカの行動を八種類に分類しました（図４－２－２）。シカがいた位置は、列車と衝突する可能性が高い危険な位置にいた事例が二九例、衝突の危険性が低い位置にいた事例が一二八例と、危険性の低い位置にいた個体が八割以上を占めていることが分かりました。

映像から、シカは列車接近時に、接近する列車をしっかり見ている（目視）ことが確認できました。その後、①線路から離れるように走り去る、②線路内を列車進行方向に逃走する、③列車の前を横断するように逃走する、などの行動を取ることが確認できました。シカが観察された一五七回のうち、接触事故は八回でした。この時シカは、①立ちすくみ、②線路内逃走、③直前横断のいずれかの行動を取りました（図4−2−2の丸）。接触事故防止のためには、これらの行動を抑制する対策が重要と考えられます。

❸ シカのコミュニケーションを利用した新たな対策の検討

シカの行動を観察してみると、シカは列車が直前まで接近しないと行動を起こさないことがしばしばあり、列車を危険なものだと認識していないと考えられました。シカは仲間との情報交換に声を使用し、危険を知らせる警戒声（ピャッという音声）を含めて一三種類の音声を使い分けています[4]。警戒声の他には、母や子を探す時の声、餌をねだる声、相手を威嚇する声などがあります。

そこで、警戒声を利用して、列車の接近前に、シカに列車が危険だと認識させ、接触を防止できるのではないかと考えました。まず、シカが警戒声にどのように反応するのかを確認する試験を行いました。飼育されているシカ（飼養シカ、図4−2−3）と野生のシカ（野生シカ）の双方に対して、警戒声を聞かせ、反応を調べました。試験の結果、飼養シカと野生シカの双方で、個体差はあるものの、警戒声のした方向へ顔を向けてじっと見る（注視）という警戒行動を示すことが分かりました。

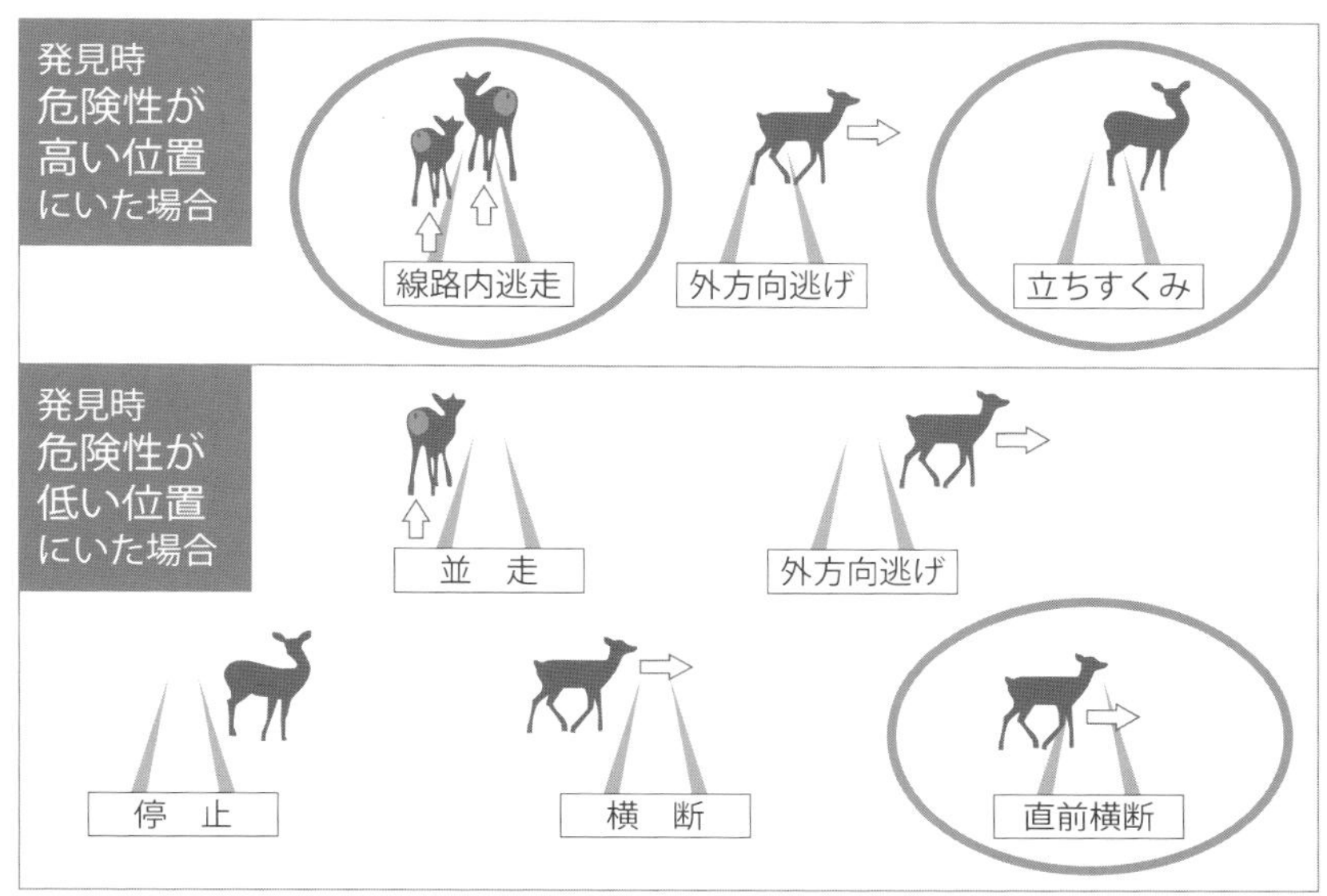

図４－２－２　列車接近時のシカの行動分類

図４－２－３　警戒声に対するシカの反応

❹ シカが忌避する音の考案

人為的なシカの警戒声の再生によって、シカが警戒態勢を取ることが分かりました。しかし、列車との接触防止には警戒させるだけではなく、シカを線路から離れさせる必要があります。そこで、警戒態勢のシカにさらに別の音刺激を加えることで、シカの移動を促すことができるのではないかと考えました。刺激の候補として、爆音、サイレンなどが考えられましたが、これらの音に対してシカはすぐに慣れてしまうという報告(5)があります。一方、シカは犬を嫌うという習性があります。また、実際に鉄道で利用することを想定した場合にも、人工的な音ではなく、自然音であるシカの警戒声や犬の咆哮(ほうこう)の使用が良いと考えました。これらのことから、シカの警戒声のあとに犬の咆哮が続く「忌避音」を考案しました。

❺ 忌避音の効果検証

忌避音のシカへの効果を確認するために、鉄道車両から忌避音を吹鳴(すいめい)（警笛のように吹き鳴らす）した試験を行いました。具体的には、シカとの接触事故が多い区間を走行する列車にスピーカーを設置し、忌避音を吹鳴しながら走行しました（以下、走行試験）。忌避音は、シカ警戒声のあとに犬の咆哮が続く構成で、三秒間の警戒声におよそ二〇秒の犬の咆哮が続くようになっています。音量はスピーカーから一m離れた所で九〇dBとなるように設定しました。周辺住民や鉄道利用者への影響を考慮し、民家などが多い場所や駅を除いたシカと列車の接触事故の発生が多い区間において忌避音を吹鳴しました。

走行試験中には、列車先頭部より忌避音に対するシカの行動を観察し、目撃回数を記録しました。なお、比較対照として、忌避音を吹鳴しない条件（通常走行）での行動も観察しました。走行試験は合計七日間で二〇回実施したところ、忌避音を吹鳴しながら走行した区間（吹鳴区間）の走行距離は合計一一〇〇kmでした。一方、吹鳴していない通常走行試験は合計四日間で一二回実施し、吹鳴区間の走行距離は六六〇kmでした。この間に、走行試験において、吹鳴区間内でシカを目撃した回数は八二回（目撃回数は目撃した頭数にかかわらず一回とした）、通常走行では同区間内で九〇回でした。

走行距離あたりのシカ目撃回数を分析すると、走行試験と通常走行には大きな差（五％水準の有意差）があり、忌避音の吹鳴に効果があることが分かりました。また、列車走行距離一〇〇kmあたりの目撃回数は、通常走行では一三・六回、走行試験では七・五回となり、走行試験では四五％減少していました（図４－２－４）。

シカの出没は、天候など自然環境に左右されますが、試験期間中の気象状況は比較的安定していました。また、忌避音を吹鳴しない区間における、列車走行距離一〇〇kmあたりの目撃回数は、通常走行（三・八回）と走行試験（三・九回）

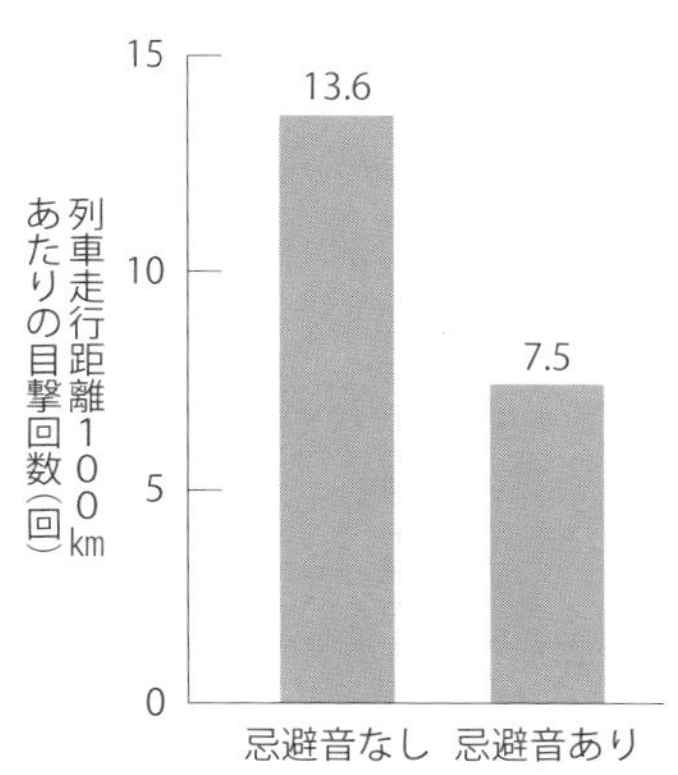

図４－２－４　忌避音によるシカの目撃回数の減少

とほぼ同じでした。このことからも、走行試験におけるシカ目撃回数の減少は、忌避音吹鳴によるものと考えられます。

❻ 忌避音を利用した対策の今後

新たに開発した忌避音は、シカの音声コミュニケーションと犬を嫌う習性を利用した方法です。音を利用した対策では、シカなどの野生動物が人工的な対策に早期に慣れてしまうことが課題です。しかしこの方法は、野生動物の習性を利用しているため、慣れが生じにくいことが期待できます。今後は、忌避音による対策の実用化を目指すとともに、長期間使用した場合にシカの反応に慣れなどの変化が生じるかを検証していく予定です。

本研究には（一社）北海道開発技術センターとの共同研究の内容を含みます。

（志村　稔）

9．石村智恵・鹿野たか嶺・野呂美紗子ら（2013）エゾシカの警戒声を用いた交通事故防止策の試み．第12回「野生生物と交通」研究発表会講演論文集：33-38.
10. 野呂美紗子・原 文宏・田邊慎太郎ら（2006）ロスプリベンションの視点から見たエゾシカのロードキル．第5回「野生生物と交通」研究発表会講演論文集：21-24.
11. 山田芳樹・浅利裕伸・野呂美紗子ら（2015）日本におけるロードエコロジー（道路生態学）の現状について．第14回「野生生物と交通」研究発表会講演論文集：331-337.

【第4章 2.鉄道事故】

1．鹿野たか嶺・野呂美沙子・柳川 久ら（2007）音を用いたエゾシカの交通事故対策の検討（中間報告）．第6回「野生生物と交通研究会」講演論文集：83-88.
2．志村 稔・潮木知良・京谷 隆ら（2015）車両接近時の鹿の行動と音による行動制御の可能性．鉄道総研報告 第29巻第7号：45-50.
3．志村 稔・潮木知良・池畑政輝（2017）忌避音による鹿接触事故防止技術の開発．鉄道総研報告 第31巻第11号：35-40.
4．Minami M, Kawauchi T（1992）Vocal repertoires and classification of the sika deer *Cervus nippon*. J. Mamm. Soc. Japan. 17(2)：71-94.
5．青山真人・夏目悠多・杉田昭栄ら（2008）ニホンジカが忌避する刺激、特に捕食動物に関連する刺激の探索．複合生態フィールド教育研究センター報告 第24巻第12号：13-17.
〈シカの接触事故に起因する鉄道被害額に関する論文〉
中村紘喜・鈴木聡士（2015）エゾシカによる列車支障に伴う乗客の時間的損失価値の推計．第14回「野生生物と交通研究会」講演論文集：79-86.
同じ内容の論文が日本地域学会で発表されており、下記からダウンロード可
（www.jsrsai.jp/Annual_Meeting/PROG_52/ResumeC/C04-4.pdf）

【Column ジビエに影響する感染症にどう対応すべきか】

1．厚生労働省 HP（www.mhlw.go.jp/）
2．押田敏雄（2018）畜産の研究 第72巻：991-998.
3．松浦友紀子・伊吾田宏正・岡本匡代・伊吾田順平（2015）哺乳類科学 第50巻：11-20.
4．松浦友紀子・伊吾田宏正・岡本匡代（2015）森林総合研究所 平成24年版 研究成果選集：44-45.
5．農林水産省 HP. 野生鳥獣肉の安全性の確保について（https://www.maff.go.jp/j/seisan/tyozyu/higai/hourei/h_horitu/suisin_kaigi-6.pdf）

9. Tokita N, *et al.*（2011）Nutritive value of three sasa species in the Tanzawa mountains as a winter food for sika deer. Wildlife Conservation Japan 13(1)：1-4.
10. 時田光明・時田昇臣（2010）野生シカの管理を考える（連載講座全6回）獣医畜産新報 第63巻 第10号から64巻 第3号まで.
11. 時田昇臣（2018）ジビエの課題と将来（連載―ジビエの現状と課題⑤）畜産コンサルタント 第58巻第12号：72-75.

【第3章 3. ジビエの流通事例と今後の課題】
1. 公益財団法人日本食肉消費総合センター（2015）食肉のすべてがわかるQ＆A 教えて！食肉の流通・加工改訂版：12.
2. 鳥取県食のみやこ推進課へのヒアリングによる「AIでジビエ肉質判定 鳥取発で開発」日本海新聞（2019年12月21日）.

【第3章 5. ジビエの加工 ―― 野生動物肉の研究などから】
1. 押田敏雄・坂田亮一（2016）「第2回日本ジビエサミット」に参加して 伝統食から外食産業へ―有害捕獲から地域・産業資源としての捕獲への転換―. 畜産の研究 第70巻：321-339.
2. 石田光晴・渡辺 彰（1998）鹿肉の特性について. 食肉の科学 第39巻：197-203.
3. 坂田亮一（1999）食肉・食肉製品の分析技術／第二章 食肉・食肉製品の品質評価法／色調およびヘム色素. 食肉の科学 第40巻：221-224.
4. 山内 清・安藤則秀（1973）亜硝酸塩が存在する場合の肉のTBA number測定. 日本畜産学会報 第44巻：155-158.
5. Chen WS, Lin YK, Lee MR, Lin LC, Wan TC, Sakata R（2013）Effects of humectants on chemical, microbiological, physical and sensory traits of venison jerky. Fleischwirtschaft 2013/4：75-78.
6. 坂田亮一・竹田志郎（2020）ジビエの有効利用：落花生粉末添加による脂質酸化抑制効果. 食品と容器 61（2）：128-131.
7. 金子桜子・竹田志郎・坂田亮一（2017）野生獣肉に関する研究―ジビエの生理活性機能について―. 家畜衛生学雑誌 第43巻：128-129.
8. Takeda S, Kaneko S, Sogawa K, *et al.*（2020）Isolation, evaluation, and identification of angiotensin I-converting enzyme inhibitory peptides from game meat. Foods 9（9）：1168, doi.org/10.3390/foods9091168.

【第4章 1. 自動車事故】
1. 浅利裕伸・鹿野たか嶺・谷崎美由記ら（2013）野生生物と交通に関する論文の傾向. 第12回「野生生物と交通」研究発表会講演論文集：39-47.
2. 柳川 久・澁谷辰生（1996）北海道東部における鳥類の死因Ⅱ. 帯広畜産大学学術研究報告 自然科学第19巻第4号：251-258.
3. 柳川 久（2002）北海道十勝地方における野生動物の交通事故の現状とその防止策. 第1回「野生生物と交通」研究発表会講演論文集：67-74.
4. 柳川 久・上田理恵（2003）北海道におけるエコブリッジ（樹上性動物用ブリッジ）の現状と課題. 第2回「野生生物と交通」研究発表会講演論文集：45-52.
5. 野呂美紗子・柳川 久（2002）十勝管内の国道におけるエゾシカの交通事故の特徴とその原因について（予報）. 第1回「野生生物と交通」研究発表会講演論文集：75-80.
6. 神馬強志・川合正浩・髙橋秀則（2007）一般国道273号でのエゾシカの交通事故防止対策に関する取組みについて―人間・シカ双方への心理的手法の実践事例―. 第6回「野生生物と交通」研究発表会講演論文集：77-82.
7. 石村智恵・樽井敏治・佐々木正博ら（2015）道東自動車道における横断構造物の動物による利用. 第14回「野生生物と交通」研究発表会講演論文集：87-92.
8. 鹿野たか嶺・柳川 久・野呂美紗子ら（2010）交通事故防止を目的としたエゾシカに対するディアホイッスルの有効性. 野生生物保護 第12巻第25号：39-46.

３報 カルガモ被害の実態と防止対策．東北農業研究 第50巻：9-10.
4．今村知子・杉森文夫（1989）羽色に基づく繁殖期のカルガモの雌雄判別．山階鳥類研究所研究報告 第21巻第2号：247-252.

❸カラス

1．塚原直樹（2017）本当に美味しいカラス料理の本．SPP出版．
2．杉田昭栄（2018）カラス学のすすめ．緑書房．

❹キョン

1．浅田正彦（2014）千葉県におけるキョンのベイズ法による個体数推定（2012年度）．千葉県生物多様性センター研究報告 第8巻：23-36.
2．浅田正彦（2014）千葉県におけるキョンの体重と繁殖状況― 2008 ～ 2012年度県試料回収事業のまとめ―．千葉県生物多様性センター研究報告 第8巻：37-40.
3．千葉県（2012）千葉県キョン防除実施計画．
4．農林水産省（2019）野生鳥獣被害防止マニュアル―アライグマ、ハクビシン、タヌキ、アナグマ（中型獣類編）．
5．東京都環境局自然環境部計画課HP（2021）．

❺アナグマ

1．福田幸広（2017）アナグマはクマではありません．東京書店．
2．田中 浩（2002）ニホンアナグマの生態と社会システム．山口大学大学院理工学研究科博士論文：78-105.
3．村瀬勝彦・野坂 正・佐藤博志ら（2013）河川堤防における小動物の巣穴対策について．国土交通省国土技術研究会論文集：15-18.
4．Timothy J. Roper（2010）Badger：94. HarperCollins Publishers.
5．竹内正彦（2007）イチゴ露地ほ場におけるアナグマの食害防護．日本応用動物昆虫学会誌．第51巻第3号：187-196.
6．Tsukada H, Takeuchi M, Fukasawa M, *et al.*（2010）Depredation of concentrated feed by wild mammals at a stock farm in Japan. Mammal Study 35(4)：281-287.
7．江口祐輔（2016）野生鳥獣による被害対策Q＆A（第33回）アナグマ対策についてのQ＆A．農耕と園藝 第71巻第6号：62-65.
8．Hijikata K, Minami M, Tsukada H（2020）Food habits and habitat utilization of the Japanese badger (*Meles anakuma*) in a grassland/forest mosaic. Mammal Study 45(3)：229–242.
9．Tsukada H, Kawaguchi Y, Hijikata K, *et al.*（2020）Sett site selection by the Japanese badger *Meles anakuma* in a grassland/forest mosaic. Mammal Research 65(3)：517–522.

【第3章 1．ジビエの栄養】

1．文部科学省（2015）日本食品標準成分表2015年版（七訂）．
2．農林水産省（2020）野生鳥獣資源利用実態調査（令和元年度）併載：野生鳥獣資源利用実態に係る意向調査．
3．全国のニホンジカ及びイノシシの個体数推定等の結果．環境省ホームページ（https://www.env.go.jp/press/104509.html）．
4．畜産統計．農林水産省HP（https://www.maff.go.jp/j/tokei/kouhyou/tikusan/）．
5．野生鳥獣による森林被害．林野庁HP（http://www.rinya.maff.go.jp/j/hogo/higai/tyouju.html）．
6．野生鳥獣による農作物被害額．農林水産省HP（https://www.maff.go.jp/j/press/nousin/tyozyu/191016.html）．
7．野生鳥獣被害防止マニュアル．農林水産省HP（http://www.maff.go.jp/j/seisan/tyozyu/higai/h_manual/h26_03/pdf/data0_6.pdf）．
8．時田昇臣（2008）野生動物の生態と生息地環境＝特集．日本獣医生命科学大学研究報告 57：47-53.

３．独立行政法人環境保全再生機構（2019）環境総合研究推進費 平成 30 年度修了課題資料（https://www.erca.go.jp/suishinhi/seika/pdf/seika_5_04/3K163003.pdf）

【第２章 １. シカ】
１．小林信一・竹川将樹・石井 慧ら 著 . 日本大学生物資源科学部 編（2013）野生鳥獣による地域振興の試みと大学の役割―静岡県富士宮市（地域の復興再生力と大学の役割パート２）. 農林統計協会：93-95.
２．高槻成紀（1992）北に生きるシカたち：シカ、ササそして雪をめぐる生態学 . どうぶつ社 .
３．農林水産省（2020）全国の野生鳥獣による農作物被害状況について（令和元年）.
４．環境省・農林水産省（2013）抜本的な鳥獣捕獲強化対策 .
５．黒崎弘平・徐 美朗・汪 悲然ら（2013）野生鳥獣害対策としてのエコツーリズムの有効性 . 日本鹿研究第４巻：114.
６．石田光晴・佐々木 陽（2018）ニホンジカ肉の脂質性状および呈味性 . 日本鹿研究 第９巻：5-12.
７．奥村 章・道志 智・丹治藤治ら（2011）日本鹿セーム革の消費性能に関する研究 . 日本鹿研究 第２巻：1-7.
８．農林水産省（2020）野生鳥獣資源利用実態調査（令和元年度）.
９．小林信一 著 . 柏崎直巳 監 . 植竹勝治・大木茂 編（2011）野生動物との共生―その可能性と方向（動物応用科学の展開―人と動物の共生をめざして）：135-144. 養賢堂 .
10. 小林信一（2015）中国における養鹿業 . 日本鹿研究 第６巻：9-12.
11. 松本悠貴・須藤幸喜（2016）ニュージーランドにおけるシカ産業の現状 . 日本鹿研究 第７巻：2-11.
12. 小林信一 著 . 小林信一 編（2015）ヨーロッパにおける鹿の利用管理について（野生生物の利用管理）：21-24. 龍渓書舎 .
13. 新版 特用畜産ハンドブック編集委員会 編（2007）新版 特用畜産ハンドブック：106. 畜産技術協会 .

【第２章 ２. シカはなぜ増えたのか】
１．環境省 . 狩猟免許所持者数 , 狩猟及び有害捕獲等による主な鳥獣の捕獲数 , 全国のニホンジカ及びイノシシの個体数推定等の結果 .
２．総務省関東管区行政評価局 . 狩猟者の捕獲実態に関する委託調査結果 .
３．総務省統計局 . 日本の人口推計 .
４．農林水産省 . 農業労働力に関する統計 .
５．内閣府 . 農地・耕作放棄地面積の推移 .
６．林野庁 . 森林資源の現状 , 野生鳥獣による森林被害 .
※ HP の URL は省略

【第２章 ４. その他の動物】
❶クマ
１．坪田敏男・山崎晃司 編（2011）日本のクマ―ヒグマとツキノワグマの生物学― . 東京大学出版会 .
２．山崎晃司（2017）ツキノワグマ―すぐそこにいる野生動物― . 東京大学出版会 .
３．野生動物保護学会 編（2010）野生動物保護の事典 . 朝倉書店 .
４．天野哲也・増田隆一・野間 勉 編（2006）ヒグマ学入門―自然史・文化・現代社会 . 北海道大学出版会 .
❷カルガモ
１．高城哲男（2000）水稲直播栽培におけるカルガモ被害軽減対策 . 今月の農業 第 44 巻第９号：20-24.
２．酒井長雄・斎藤 稔・谷口岳志ら（1999）水稲湛水直播栽培における耕種的鳥害防止対策 . 北陸作物学会会報 第 34 巻：59-61.
３．三浦嘉浩・玉川和長・清藤文仁ら（1997）青森県における水稲直播栽培に関する研究 第

引用および参考文献

【第１章 1. ジビエとは —— ジビエの定義と世界のジビエ】
1． 押田敏雄（2012）意外と知らない畜産のはなし：176-181. 中央畜産会.
2． 押田敏雄（2017）畜産の研究 第71巻：431-435.
3． FAO HP（www.fao.org/docrep/l8790f/l8790f05.htm）
4． Australian Trade and Investment Commission HP（www.austrade.gov.au）

【第１章 2. 日本のジビエ】
1． 環境省 HP（www.env.go.jp/nature/choju/effort/effort12/injury-qe.pdf）
2． 米田一彦（2017）熊が人を襲うとき. つり人社.
3． 丸山直樹（2007）オオカミを放つ. 白水社.
4． 大島暁雄（1983）図説 民俗探訪事典：264. 山川出版社.
5． 押田敏雄（2012）意外と知らない畜産のはなし：176-181. 中央畜産会.
6． 北海道 HP（www.pref.hokkaido.lg.jp/file.jsp?id=483270）
7． 神谷英生（2014）料理人のためのジビエガイド：14-18. 柴田書店.
8． 押田敏雄（2017）畜産の研究 第71巻：431-435.
9． 押田敏雄・石川祐一（2018）畜産の研究 第72巻：123-138.
10． 押田敏雄（2015）畜産の研究 第69巻：317-322.
11． 押田敏雄（2016）畜産の研究 第70巻：321-340.
12． 押田敏雄・近田康二・坂田亮一（2017）畜産の研究 第71巻：135-153.
13． 押田敏雄・坂田亮一（2018）畜産の研究 第72巻：279-297.
14． 押田敏雄・坂田亮一・菅 衣代ら（2019）畜産の研究 第73巻：433-442.
15． 押田敏雄・坂田亮一・菅 衣代ら（2019）畜産の研究 第73巻：537-546.
16． 押田敏雄・坂田亮一・菅 衣代ら（2020）畜産の研究 第74巻：267-278.
17． 押田敏雄・坂田亮一・菅 衣代ら（2020）畜産の研究 第74巻：349-360.

【第１章 3. 農業被害と野生鳥獣の利用】
1． 農林水産省 HP（www.maff.go.jp/）
2． 押田敏雄（2015）畜産の研究 第69巻：954.
3． 押田敏雄（2015）畜産の研究 第69巻：1079.
4． 村上 学・正岡久明・小笠原 誠（2014）第26回ふゆトピア研究発表会抄録集.
5． 押田敏雄・藤澤政隆（2018）畜産の研究 第72巻：59-66.
6． 総務省報道資料（2017）知ってほしい鳥獣被害現場の実態（https://www.soumu.go.jp/main_content/000463873.pdf）
7． 押田敏雄・石川祐一（2018）畜産の研究 第72巻：123-138.
8． 押田敏雄・坂田亮一（2016）畜産の研究 第70巻：797-801.
9． 押田敏雄・西澤久友・坂田亮一（2018）家畜衛生学雑誌 第43巻：175-183.
10． 壁谷英則（2018）獣医畜産新報 1159号：104-110.
11． 押田敏雄・坂田亮一（2018）沙漠研究 第28巻：39-44.
12． 押田敏雄・坂田亮一・中村民夫（2016）日本食肉研究会平成28年度大会講演要旨集：21-26.

【第１章 4.「狩猟と有害鳥獣捕獲」の違いからジビエ利用がどうあるべきかを考える】
1． 農林水産省統計部（2020）令和元年度野生鳥獣資源利用実態調査報告（https://www.e-stat.go.jp/stat-search/files?page=1&layout=datalist&toukei=00500248&tstat=000001112115&cycle=8&year=20201&month=0&tclass1=000001113551&tclass2=000001147928）
2． 環境省自然環境局（2018）ニホンジカ・イノシシ捕獲数速報値（平成29年度）（https://www.env.go.jp/nature/choju/docs/docs4/hokaku.pdf）

これからの日本のジビエ

野生動物の適切な利活用を考える

2021年5月20日　第1刷発行

編著者……押田敏雄
協　力……一般社団法人 日本ジビエ振興協会
発行者……森田　猛
発行所……株式会社 緑書房
〒103-0004
東京都中央区東日本橋3丁目4番14号
TEL　03-6833-0560
https://www.midorishobo.co.jp

編　集……池田俊之、難波佑馬
編集協力・組版……リリーフ・システムズ
カバーデザイン……メルシング
印刷所……図書印刷

ISBN 978-4-89531-590-6　Printed in Japan